刑辩思维与技能

陈文海 ◎著

中国法制出版社

CHINA LEGAL PUBLISHING HOUSE

自序

做一名有情怀的律师

做律师越久，接触的案件越多，笔者对社会和自身的认识也越来越深入。特别是做刑事案件的律师，几乎每天都要面对生活中真善美、假恶丑的碰撞，思想中总会迸发出对人生和人性的思考。

特别是随着社会竞争日趋激烈，许多律师都在为了拉业务而东奔西忙，能够沉下心来站在职业视角对办案工作中的诸多话题，结合实践进行冷静、理性、客观的分析，对我们的工作和生活也许会起到特别的启迪作用。

正是基于此，在繁忙的办案之余，笔者不断总结，写下约有 20 万字的刑事案件辩护"体会"，集成了这本《刑辩思维与技能》，对刑辩工作的做法和规律进行探讨，希望能够成为引玉之砖。

本书的内容涉及刑辩工作程序和实体方面的一些重要内容。比如，对刑辩律师来说，接受委托、展开辩护的一项重要工作就是阅卷，因此本书结合卷宗内容和案件的各种证据情况，作了详尽说明。再如，如何代理申请取保候审，这是刑辩律师的日常工作之一，也是许多人在聘请律师后最迫切的要求。那么，实践中，刑辩律师如何为犯罪嫌疑人、被告人申请取保候审，才能有更高的成功率？笔者结合法律规定，围绕案件事实，特别是联系自己成功办理的案件，作了认真阐述。又如，法庭质证工作是整个刑辩工作中至关重要的一个辩护环节。那么，辩护律师如何在法庭质证中充分展示质证意见，让质证更好地为后面的法庭辩护打好基础，做好铺垫，笔者也结合办案实践作了详尽阐述。还如，刑辩工作的核心是通过辩护词的发表，充分阐述被告人无罪、罪轻，或应当减轻、免除其刑事责任的材料和意见。那么，如何写出有分量的、能让法官产生共鸣、容易被合议庭采纳的辩护词，笔者也结合成功案件进行了阐述。

刑事案件的辩护工作是一项法律性、政策性、艺术性很强的工作。具体工作中，对刑辩律师的要求也是全方位、多方面的。比如，代理涉黑案件，政治性、政策性、法律性极强，代理过程中如何把握好讲政治和讲法律的统一，如何坚持在依法辩护的同时，更好地体现扫黑除恶的政治要求，笔者结合实践，以自己成功代理的案件作了说明。再如，笔者认为，刑辩工作涉及刑事侦查、检察、审判三个诉讼阶段，贯穿刑事诉讼的全过程。这当中，如何和办案人员进行有效沟通，从而最大限度地实现辩护效益，笔者也联系具体案件进行了认真阐述。

总之，本书对刑辩律师具有普遍的指导意义。

01
Chapter

第一章
刑辩律师的基本技能

02
Chapter
第二章
刑辩工作中的经验放谈

03
Chapter
第三章
刑辩工作中的问题研究

04
Chapter

第四章
辩护成功案例的办案实录

第一章

刑辩律师的基本技能

刑辩律师的阅卷要领

刑事辩护工作成功的基础在于对案件事实全面而准确地把握。而要全面准确地把握案件事实，最基本的手段就是阅卷。随着办案形势的不断发展，案件的卷宗越来越精细，内容越来越多。实践中，一起案件的卷宗有成百上千卷已经不足为怪。如何面对浩如烟海的卷宗，实施精准阅卷，提高阅卷的质量和效能，是每个刑事辩护律师必备的基本技能。基于此，笔者结合办案实践，总结了如下阅卷要领。

一、办案程序部分

1.立案程序是否完备，案件来源是否真实，报案登记是否完备，承办意见所涉及罪名是否合法，领导批示是否明确。

2.强制措施是否妥当，适用法律条文是否正确。包括逮捕程序是否合法，指定监视居住场所是否合规，办案期限是否得到严格遵守，强制措施法律手续是否完备，办案机关是否履行告知义务。

3.提讯手续是否完备，时间衔接是否连贯合法，提讯地点场所是否符合法律规定。

4.卷内起诉意见书是否完备，制作是否符合办案规范，叙述事实是否全面精准，引用法律条文是否正当，案件罪名罪状描述是否准确。

5.犯罪嫌疑人签署认罪认罚具结书是否真实完备。

二、言词证据部分

（一）供述和辩解（讯问笔录、亲笔供词）

1.核准被告人身份，是否达到刑事责任年龄，有无"法律规定不予"追究刑事责任的疾病，有无如人大代表或政协委员及其他特殊主体之身份。

2.办案人员是否为二人讯问，连续讯问时间是否合法，和其他人员讯问有无时间冲突，制作笔录内容是否和讯问时间相对应；讯问过程是否存在刑讯逼供、疲劳审讯、威胁诱供等情形。

3.供述内容是否符合客观实际，是否符合自然环境、社会公理和人情事理，有无编造虚构情节，有无涉案其他情节需要核实澄清。

4.供述和辩解有无合理性及可核实的依据，有无自相矛盾之处；交代主要事实是否得到其他证据印证，与其他证据之间的矛盾点，有无排除非法证据之必要。

5.共同犯罪中对参与程度、自身地位作用的交代，对案件的作用，与其他作案人员的关系。

6.归案经过，有无无罪及自首、立功、从犯、胁从犯等其他从轻、减轻情节；有无从重、加重情节；本人的认罪态度。

（二）被害人陈述

1.被害人的身份，和犯罪嫌疑人、被告人的关系，精神状况，有无影响正确表达的疾病或生理缺陷。

2.陈述的客观真实性，有无夸大成分，与供述和辩解之间的矛盾点，可能的成因，对质证意见的影响。

3. 陈述与自然环境、社会公理、人情事理之间是否对应、有无矛盾，辩护工作的可利用点在哪儿，有无排除非法证据之必要。

4. 报案的起因，对案件处理结果的态度，受到损失、损害、损伤的程度，是否愿意接受赔偿、补偿，有无和解意愿。

（三）证人证言

1. 证人身份，包括有无作证主体资格，有无影响作证的疾病，能否正确感知案件事实，能否正确表达。

2. 证人与犯罪嫌疑人、被告人是否存在利害关系，与被害人是否存在利害关系，与案件本身有无利害冲突，对质证意见的影响。

3. 证言的真实性，前后自身有哪些矛盾之处，与其他言词证据能否相互印证，存在哪些矛盾点。

4. 证言的客观性，与证言所讲的自然环境、事发规律、社会规则、人情事理之间有无矛盾冲突。

5. 证言和案件最关键的连结点是什么，对认定案件事实有什么作用，是否为辩护重点依据，有无排除非法证据之必要。

三、其他证据部分

（一）勘验、检查笔录

1. 是否符合办案规范和要求，是否为专业领域人员所写。

2. 内容是否客观真实，有无时间和地理环境之冲突，对质证的影响。

3. 勘验、检查是否真实细致，有无遗漏事项，和言词证据之间有无矛盾冲突，是否需要重新勘验。

4. 勘验结论是否符合环境条件，与自然规律、社会规则、人情事理有无冲突。

5. 勘验、检查笔录对案件定性定量的作用，对辩护工作可能产生的影响。

（二）鉴定意见

1. 鉴定程序是否合法，包括委托手续、委托程序、鉴定机构有无资质资格、鉴定范围，与案件当事人有无利害关系。

2. 鉴定文件是否规范，包括鉴定的依据标准，鉴定文件的格式，鉴定人员的身份，签字、盖章的要求等。

3. 鉴定程序是否符合司法部、公安部等相关单位对鉴定规范的要求，包括检材、样本的提取和审查，具体鉴定过程的比对，专业分析和论证过程，鉴定结论形成是否合乎委托内容和专业要求。

4. 鉴定结论是否符合客观实际，鉴定方法及适用标准是否正确，包括是否符合科学定律、自然规律、行业惯例、社会公理，对质证意见的影响。

5. 鉴定结论对案件的影响，是否申请重新鉴定或聘请专家进行咨询，和辩护观点的关联，有无排除非法证据之必要。

（三）书证

1. 来源是否合法规范，如何收集，是不是原件，提供人身份。

2. 书证与其他证据的关系，内容是否真实，书证自身以及与其他证据是否有矛盾之处。

3. 书证的客观性分析，与自然环境、科学定律、社会习惯、行业规则、鉴定结论及勘验、检查笔录有无冲突。

4. 书证对案件关键事实的证明作用，对质证意见及辩护的作用及影响。

（四）视听资料

1. 视听资料来源。

2. 视听资料的时间节点，时间是否连贯如一，与讯问笔录记载、提讯证有无矛盾之处。

3. 提讯过程有无违法讯问环节，包括是否为二人以上讯问，有无超过法定时限连续讯问、疲劳讯问、诱供讯问等情况。

4. 发现违法违规讯问的，及时记录，明确违法违规内涵。

5. 视听资料记载内容和案件定性定量之间的关系，对质证和辩护意见的影响。

6. 视听资料记载内容暴露问题与自然环境、客观事实、社会公理、行业规则之间的矛盾，对排除非法证据的参考作用。

申请取保候审的实战技巧

取保候审，是刑事案件立案后，公安机关、检察机关、人民法院为了保证办案工作正常进行，而对犯罪嫌疑人、被告人采取的有限度地限制其人身自由，并保证其能够随传随到、接受讯问调查的一种刑事强制措施。

一般来说，能够适用取保候审的涉案对象，即使最终依法被认定为犯罪，通常也会被判处较轻的刑罚，甚至免予追究刑事责任。部分案件经过侦查或审查起诉，有可能被认定为不构成犯罪而直接撤销案件，或者不予起诉。对于曾经被刑事拘留或者被执行逮捕的犯罪嫌疑人、被告人，如果辩护人经过一系列辩护努力能够将其取保候审，则委托的当事人及其亲属就会将这一情况视为辩护成功的标志性事件。在他们看来，无论是"人能出来"还是"人没进去"都意味着辩护有效果了，案件的最终处理结果通常也会比较理想。

基于上述原因，在刑辩工作中，对相关的犯罪嫌疑人、被告人申请取保候审逐渐成为大多数刑辩律师面临的经常性、基础性工作，也是许多犯罪嫌疑人、被告人亲属办理辩护委托后急于让辩护律师去做的重要工作之一。不仅如此，不少案件的委托人，甚至把受托律师能否成功办理取保候审的承诺作为是否委托某一律师担任辩护人的先决条件。个别急功近利的律师为了拿到案件的辩护权，甚至作出虚假承诺，不惜谎称自己能够成功办理取保候审，也要签下担任辩护人的委托代理合同。这些情况，从委托和受托两个方面，揭示了申请取保候审这一常规辩护工作事项在整个刑事诉讼阶段具有的特殊地位。

实际工作中，接受委托，依法履行刑辩职责的律师，究竟应当如何代为申请取保候审，掌握哪些技巧才能有效提高申请成功率，取得理想的辩护效果，笔者结合成功办理的一些真实案件谈几点体会。

一、全面客观地评估受托案件，精准界定犯罪嫌疑人、被告人是否具有取保候审的法定情形

对于取保候审的适用情形，《刑事诉讼法》第六十七条列举了四个方面，具体包括：（一）可能判处管制、拘役或者独立适用附加刑的；（二）可能判处有期徒刑以上刑罚，采取取保候审不致发生社会危险性的；（三）患有严重疾病、生活不能自理，怀孕或者正在哺乳自己婴儿的妇女，采取取保候审不致发生社会危险性的；（四）羁押期限届满，案件尚未办结，需要采取取保候审的。在上述四项适用取保候审的法定情形中，辩护人应当关注的主要是前两项，因为这两项事关案件的实质性内容，需要辩护人进行全面客观的评估，

并根据评估情况决定是否主动出击，申请取保候审。因为没有经过全面科学的评估，不顾案件实际情况，只是走程序式地展开取保候审申请工作，无异于撞大运，不符合刑辩律师的基本职业操守。

实践告诉我们，要全面客观评估涉案犯罪嫌疑人、被告人在多大程度上存在取保候审的可能，应当着重关注以下几个方面。

一是看整个案件的性质。刑事案件发生后，犯罪嫌疑人、被告人的亲属在办理委托手续时通常会提供一些零散琐碎的案件信息。即使那些曾经参与实施犯罪行为的同案亲属来办理委托手续或者进行咨询时，说话躲躲闪闪，辩护人仍然可以从其最初提供的案件信息中认真分析，看出端倪，从而对案件的严重程度作出预判。在这种情况下，辩护人对那些涉嫌故意杀人、重伤害、抢劫、强奸、投毒、爆炸、毒品犯罪、高额诈骗及严重危害公共安全和社会生活秩序的犯罪，以及其他对社会造成重大负面影响、引起媒体热点关注的案件，需慎重提出取保候审申请。相反，对那些直接涉案情节较轻的案件，比如轻伤害案件、盗窃案件、交通肇事案件、小额诈骗及侵占案件、猥亵案件等，辩护人则可以积极主动申请取保候审。具有上述条件的案件，涉案犯罪嫌疑人、被告人往往总体涉罪程度较轻，主观恶性较小，判处较轻刑罚的概率较大，或者通常不用收监，也不具有现实危险性。对这样的犯罪嫌疑人、被告人依法申请取保候审，其现实可能性较大，更具有申请成功的可能。

二是看涉案犯罪嫌疑人、被告人参与案件的程度。对于一起犯罪案件，犯罪嫌疑人、被告人参与的程度，往往反映出其在整个案件中的地位、作用，这些情况直接关系到最终定罪后的量刑轻重。所以，这也是辩护人申请取保候审时应当重点考虑参照的情形。实践中，对于案件中的下列情况，辩护人在决定申请取保候审时应当予以关注：一方面，共同犯罪中，处于从犯或者胁从犯地位，起次要或辅助作用，或被胁迫、诱骗参加犯罪的嫌疑人、被告人；另一方面，涉案的犯罪金额相对较小，情节轻微，或者单位犯罪、团伙犯罪中处于涉案边缘和底层的人员，参与程度有限、参与时间短、参与次数少的人员。

三是看是否属于未成年人犯罪，或者涉案犯罪人员有无因身体残障、疾患而影响正常生活功能，或者家庭生活极端困难，犯罪嫌疑人、被告人系家庭的主要经济来源及无助老人的唯一赡养者等。

四是看涉案的犯罪嫌疑人、被告人有无前科劣迹。通常情况下，对申请取保候审的犯罪嫌疑人、被告人而言，有前科劣迹的，申请难度大于历史"清白"的，初犯、偶犯的申请较之则相对容易。比如，交通肇事等过失犯罪较之其他故意犯罪，申请成功的可能性更大。

总之，只要辩护人用心办理取保候审，不是把申请取保候审仅仅作为辩护工作中的一个程序性事项，也不仅仅是为了给委托人交差而做个样子，而是全面衡量评估案件客观情况，严格遵循事实证据和法律标准去申请取保候审，就一定能取得理想的申请效果。

二、着眼于案件现实，扎扎实实地制作申请文书，以优质高效的办案能力为犯罪嫌疑人、被告人申请取保候审

实践中，辩护人办理申请取保候审，除了及时会见，从总体上了解掌握案件具体情况，对申请取保候审的可行性作出精准评估外，一项十分重要的工作就是制作高质量的申请文书。

这些文书，除了包括在公安机关决定立案并采取刑事拘留强制措施后，辩护人根据案情或家属要求提交的取保候审申请书，更重要的是在侦查机关决定对犯罪嫌疑人、被告人提请逮捕后，辩护人向办理审查逮捕的检察官提交的书面法律意见书。两个申请文书中，针对的对象，提出的时机，决定的机关都有很大区别。从一定意义上说，后者是辩护人根据《刑事诉讼法》第

八十八条第二款之人民检察院审查批准逮捕，"辩护律师提出要求的，应当听取辩护律师的意见"等相关规定，辩护人积极主动而为的法律行为，更具有主动出击进行辩护的意味。无论是向侦查机关提交取保候审的书面申请书，还是在公安机关报捕后要求检察机关听取辩护的意见书，都是这一阶段辩护人最为重要的辩护事项。

具体到如何制作相应的法律文书，应当把握如下环节。

首先，从内容上，辩护人提交的取保候审申请书应当侧重于阐述涉案犯罪嫌疑人、被告人的涉罪行为不符合《刑事诉讼法》规定的刑事拘留情形，只适合取保候审；辩护人对于经过分析判断，认为涉案犯罪嫌疑人、被告人之行为根本不构成犯罪，或者情节显著轻微，或者有不构成犯罪证据的，应当及时果断提出要求依法释放犯罪嫌疑人、被告人的申请诉求。我们知道，刑事案件进入诉讼程序，其标志性事件是办案机关采取刑事拘留的"抓人"强制措施。因此，这一阶段的取保候审申请，一方面，要强调涉案犯罪嫌疑人、被告人不具备适用刑事拘留的法定情形，争取早日放人；另一方面，要重点阐述采用取保候审措施才有利于案件的依法侦办和最后处理。这里必须注意，在形成申请取保候审文书时，对不适用刑事拘留措施的论述，一定要紧密围绕刑事拘留的法定条件，突出论述犯罪嫌疑人、被告人"不具有企图自杀、逃跑可能""不具有毁灭、伪造证据或者串供可能"这两个重要方面。因为对众多刑事案件来说，一旦公安机关立案并采取刑事拘留强制措施，作为原本拘留法定情形的其他条件，诸如犯罪后被指认、身边或者住处有犯罪证据、身份不明、有流窜作案或结伙作案重大嫌疑等当初用来拘留的情形，大都会在涉案的犯罪嫌疑人、被告人被刑事拘留或者逮捕后消失，相应规定列举的拘留情形也不再具备现实意义。因此，在犯罪嫌疑人、被告人被刑事拘留并提请逮捕之前提出取保候审，一定要把前述涉案犯罪嫌疑人、被告人没有自杀、逃跑可能，不具有毁灭、伪造证据可能等相关内容作为重要依据写入文书，提供证据，充分阐述，同时，再结合具体案情强化申请请求。只有这样，才能提高侦查阶段刑事拘留期间取保候审申请的成功率。

其次，当检察机关负责审查逮捕的办案人员应辩护人要求，听取辩护人意见时，应着重阐述涉案的犯罪嫌疑人、被告人达不到需要逮捕的法定条件。从办案程序上讲，只要检察机关不批准逮捕，公安机关通常只能对涉案的犯罪嫌疑人、被告人取保候审，把人放出。这也是这一阶段辩护工作初步成功的标志。这里需要特别注意，在公安侦查人员决定向检察机关报捕时，辩护人一定要力争与公安机关的提请逮捕材料同步报送，或稍早于公安机关向审查逮捕的检察人员提交建议不予批准逮捕的书面法律意见。

这样做一方面可以防止由于侦查机关的报捕意见和案卷优先到达而导致检察人员对案情的认知受报送意见引导而先入为主，有利于在案情介入时间上，实现辩护意见和提请逮捕意见的等量齐观，让审查逮捕的办案人员兼听则明，真正做到一碗水端平；另一方面可以防止因案情简单，检察机关的承办效率过快而造成辩护人的法律意见书相对迟到。这一点非常重要。

笔者办理过一起寻衅滋事案件，被立案采取刑事拘留强制措施的一方有曾某等共 6 人涉案，案情相对简单。曾某等 6 人因高考中榜而聚餐庆祝并适量饮酒，餐后 6 人计划到相邻的歌厅唱歌。乘坐电梯时，同梯内还有两个就餐的客人下楼。电梯行驶过程中，明显饮酒过量的两人中一人用拳头猛力击打运行中的电梯。曾某一方中一人悄悄地和同来就餐的同学低声耳语议论。不料，电梯停稳后，曾经击打电梯的人走出电梯，一把揪住对其进行议论的曾某一方人员拳打脚踢，曾某等人当即予以还击。混战当中，曾某一方有人用啤酒瓶击打对方头部；而对方两人也同样出手对曾某等人予以还击，双方因此互有受伤人员。

在有人报警后，公安人员赶到现场，当即决定对曾某等 6 人以寻衅滋事罪刑事拘留。对击打电梯又挑起事端主动打人的对方两人，公安机关联系医院对其进行诊断救治后又将其送回家中。这一事件发生后，笔者接受委托担任6人中曾某的辩护人。接受委托后，笔者第一时间会见曾某，了解了详细的案情经过。之后，笔者围绕对方酒后在电梯内击打电梯，在公共场所进行滋事，对方先动手殴打曾某一方人员，继而引发混战，论证对方才是真正的寻衅滋事者；围绕对方酒后击打电梯的违法行为在先，曾某一方对其违法行为进行议论并无过错，论证对方行为的违法性；从双方发生互殴，均有伤情，而侦查机关只给对方作伤情鉴定，置曾某一方伤情于不顾，且进而单方面对曾某等6人采取强制措施，不顾事实真相，缺乏足够法律依据，明显执法不公等三个方面和侦查办案人员进行交涉，并提交了取保候审的书面申请。

然而，侦查机关未采纳笔者的申请，笔者继而及时向检察机关提交建议不予批准逮捕意见书。对这种明显处理急迫且存在问题的案件，在刑事拘留期限即将届满之际，笔者专门将建议检察机关不予批准逮捕的法律意见书辅以相应的证据材料交到受案检察机关领导手中，做到了让审查逮捕办案检察机关领导从辩护渠道了解案件真相，再批转给业务部门掌握情况，防止后续承办人员看到公安机关报捕的案卷材料而错误地先入为主。经过几番沟通交涉，检察机关最终没有批准公安机关对曾某等6人的提请逮捕意见。6人被取保候审后不久，公安机关撤销了本案。

事实说明，只要辩护人全面了解案情，准确认定涉案事实，掌握好相应的法律证据标准，把握好提出取保候审和不予批准逮捕法律意见书的时机，取保候审申请或者不予批准逮捕的法律意见，一定会富有成效。

三、高度重视逮捕后取保候审措施的连续争取工作，适时申请进行羁押必要性审查，确保相关的犯罪嫌疑人、被告人不被错误地逮捕羁押

检察机关是国家的法律监督机关。开展羁押必要性审查，是《刑事诉讼法》几经修改后，国家赋予检察机关的一项重要监督权力；是检察机关依法行使检察职能，防止滥捕错捕，先捕后侦，恣意扩大侦查办案人员权力，保障犯罪嫌疑人、被告人合法权益的重要内容。为此，《刑事诉讼法》第九十五条明确规定："犯罪嫌疑人、被告人被逮捕后，人民检察院仍应当对羁押的必要性进行审查。对不需要继续羁押的，应当建议予以释放或者变更强制措施……"这一重要规定，也为辩护人充分履行辩护职能，推动检察机关实施羁押必要性审查，进而纠正不当逮捕措施，实现对涉案犯罪嫌疑人、被告人取保候审，维护犯罪嫌疑人、被告人合法权益提供了法律支撑。为了保证检察机关正确履行审查逮捕的监督职能，最高人民检察院自2000年到2015年先后会同公安部颁发了多个文件，包括《最高人民检察院、公安部关于适用刑事强制措施有关问题的规定》（高检会〔2000〕2号）、《最高人民检察院、公安部关于印发〈关于依法适用逮捕措施有关问题的规定〉的通知》（高检会〔2001〕10号）、《最高人民检察院、公安部关于印发〈最高人民检察院、公安部关于逮捕社会危险性条件若干问题的规定（试行）〉的通知》（高检会〔2015〕9号）等。这些不同时期发布的关于适用逮捕强制措施的文件，一个特别重要的进步趋势，就是强调在侦查办案工作中对涉案的犯罪嫌疑人、被告人一定要进行认真审查，严格执行逮捕的法定条件。文件特别强调，要从办案的社会效果出发，坚持少捕慎捕，可捕可不捕的，一般不捕；被逮捕的犯罪嫌疑人、被告人，一定要有被逮捕的必要才捕，否则不能逮捕。为此，最高人民检察院和公安部

在《最高人民检察院、公安部关于印发〈最高人民检察院、公安部关于逮捕社会危险性条件若干问题的规定（试行）〉的通知》中，制定了明确的达到可以逮捕的"危险性"条件的具体标准，包括"可能实施新的犯罪""有危害国家安全、公共安全或者社会秩序的现实危险""可能毁灭、伪造证据，干扰证人作证或者串供""可能对被害人、举报人、控告人实施打击报复"以及有"企图自杀或者逃跑"等5个方面20余项关于如何界定犯罪嫌疑人、被告人有无社会危险性的具体的、具有可操作性的、"看得见、摸得着"的适用法律标准和内容。其立法本意就是对不具有上述危险性因素的犯罪嫌疑人、被告人，一律不适用逮捕强制措施，能释放的释放，能取保候审的取保候审。这些文件规定不仅是公安、检察机关办理逮捕案件的重要遵循，也是辩护人依法启动案件羁押必要性审查，为犯罪嫌疑人、被告人争取取保候审机会的重要法律依据。在辩护实践中，在检察机关自行启动逮捕案件羁押必要性审查的同时，辩护人还应当根据《最高人民检察院关于印发〈人民检察院办理羁押必要性审查案件规定（试行）〉的通知》精神，依法主动向检察机关提出书面申请，责成检察机关认真进行羁押必要性审查。对符合《人民检察院办理羁押必要性审查案件规定（试行）》文件第十七条、第十八条规定的犯罪嫌疑人、被告人，辩护人要理直气壮地提出释放或者取保候审的具体请求，检察机关则应当严肃责成办案机关办理变更强制措施，依法对犯罪嫌疑人、被告人取保候审或予以释放。

必须明确，根据《最高人民检察院、公安部关于印发〈最高人民检察院、公安部关于逮捕社会危险性条件若干问题的规定（试行）〉的通知》的精神，公安机关侦查刑事案件，人民检察院审查逮捕，都必须十分重视有罪证据，特别是能够证明犯罪嫌疑人、被告人具有社会危险性证据的收集和审查判断；公安机关提请逮捕犯罪嫌疑人的，必须同时移送涉案犯罪嫌疑人、被告人具有社会危险性的证据；对公安机关移送的上述证据，检察机关要严格审查，并重点审查移送证据是否能够证明犯罪嫌疑人、被告人具有社会危险性。凡达不到这一证据"危险性"条件的，就不应当批准逮捕。

因此，辩护人在这一环节一定要牢牢掌握上述法律武器，在和办案检察官具体沟通和提交书面意见时，始终要抓住"社会危险性"这个逮捕条件中的核心标准，紧紧围绕《最高人民检察院、公安部印发〈最高人民检察院、公安部关于逮捕社会危险性条件若干问题的规定（试行）〉的通知》列举的5个方面20余项可操作的具体危险性标准，全面客观分析，深刻论证阐述，说明犯罪嫌疑人、被告人不具有社会危险性，有理有据地提出羁押必要性审查及变更逮捕措施为取保候审的事实和法律依据。

刑辩质证工作的要领把握

庭审质证，是刑辩工作中辩护人依法行使辩护权的一种重要方式，也是刑辩律师依法履行辩护职能的一项重要内容。合法有效的庭审质证，是引导法庭全面、客观查清案件事实，厘清案件审判思路，帮助辩护人实现辩护意图，依法维护犯罪嫌疑人、被告人合法权益的最重要工作之一。

刑辩工作中的质证，是指在庭审过程中，公诉机关出示相关涉案证据后，被告人及其辩护人就相应的证据依法提出认可、疑问或反对等法律意见的一项专门性诉讼活动。

一、刑辩质证工作的特点

1. 客观性

无论是作为控方的公诉机关，还是作为辩护一方的被告人及其辩护人，都必须在尊重证据客观性的前提下，就证据的证明效力发表意见。不能脱离证据的客观真实性，跳出证据本身，抽象地发表诉讼意见。控辩双方所处的立场和角度不同，因而围绕证据当庭发表的看法和意见也未必相同。

2. 对抗性

这是由控辩双方的诉讼地位和诉讼职能不同而决定的。公诉机关每出示一份控诉证据，作为相对一方的被告人及其辩护人，通常会提出相反或否定的质证意见，体现出控辩双方的"对抗性"。

3. 疑问性

通常情况下，辩护人会围绕证据来源、证据是否真实、证据与案件的关联性，特别是证据能否证明公诉机关所主张的证明目的等，提出一系列疑问，以动摇公诉机关的指控，服务于未来发表的法庭辩护意见。

上述诸方面的诉讼情况，体现出法庭质证工作对刑辩工作的基础性、决定性作用。从一定意义上说，刑辩工作，成在质证，得在质证，赢在质证，质证工作是成功进行辩护工作的前提和基础。没有成功的质证，就不可能有成功的刑事辩护。因此，我们对刑辩的庭审质证工作必须高度重视，充分准备，把握要领。

二、质证的要领

1. 全面吃透案情，切实把握质证工作态势

古人讲："不谋万世者，不足谋一时；不谋全局者，不足谋一域。"我们履行辩护职能也是如此。刑辩工作对应的案件千差万别，每个案件都有自身不同的情况和特点。辩护人如果没有对全案情况的总体熟悉，没有对案件情况的总体认知，没有对案件证据态势的总体把握，就不可能在质证过程中恰如其分地履行好质证职能。

把握全案质证态势，特别要注意从以下四个方面入手。

（1）明确案件所涉是一罪还是数罪

在具体的举证指控过程中，对于一罪案件和数罪案件，公诉机关在举证顺序、举证程序、举证范围和重点、举证的复杂程度方面都会有所区别。通常情况下，公诉机关会按照先重罪后轻罪的原则进行举证，以发挥重罪证据对全案庭审走向的统领作用。辩护人对应的质证内容也应当适时作出调整。比如，被告人被控贪污罪、受贿罪，还有玩忽职守罪的犯罪案件，司法实践中，公诉机关通常会将贪污贿赂犯罪放在前面的重要位置进行重点举证，而对于其他犯罪的举证则放在其次。

（2）明确案件是单一被告还是多元被告

通常情况下，多元被告的犯罪案件举证工作较之单一被告案件的举证工作更为复杂多变。多元被告的犯罪案件中，有主犯从犯划分的，通常会把主犯列为举证重点；没有进行主犯从犯划分的，则往往依照被告排位顺序进行举证。对此，辩护人一定要做到心中有数，做好应对准备。随着近些年来黑恶犯罪、电信诈骗、网络犯罪等有组织、集团性犯罪的增加，公诉机关的举证顺序和模式也发生了很大变化。对此，有条件的辩护人，应当在法官的主导下，积极做好庭前沟通，力争使质证工作具有针对性。

（3）明确被告人在全案所处的地位、作用

特别要注意自己的被告人与其他涉案被告人的相互利害关系，明确公诉机关举证范围可能的要害所在。集团犯罪、黑恶犯罪中的首犯、主犯往往是公诉机关控诉举证的重中之重，辩护人尤其应当吃透案情，明晰证据，把握举证态势，随时做好应变准备。

（4）明确案件的辩护方向

一起案件发生后，对案件是进行无罪辩护、罪轻辩护，还是有所选择地作无罪辩护，思路的形成是一个由模糊到清晰的渐进过程。如果作无罪辩护，对案件证据态势的把握一定要注意针对控诉证据的关键内容、关键情节、关键矛盾进行准确质证，提出有力的反驳意见。

2. 精准辨析证据，准确预判控方举证意见

凡事预则立，不预则废，刑事诉讼过程中的举证、质证工作尤其如此。公诉机关如果没有对案件材料的精准把握，对案件证据不是了如指掌，就不可能实现对犯罪事实和犯罪行为的有力指控，更谈不上履行公诉职能。与此同时，辩护一方如果不精细研判案情和证据，没有事先对公诉机关举证和控诉证据的针对性预判，就不可能实施有效的质证反击，更谈不上实施有效辩护。

所谓刑事官司，法庭上较量的本质是控辩双方对证据运用和采信程度的较量，举证意见和质证意见，双方谁的意见占据了法庭主导地位，赢得了法庭的认可，谁就在诉讼过程中赢得了先机，占据了主动，谁就有可能成为"胜诉"的一方。我们说"打官司就是打证据"，说的就是这个道理。

鉴于此，作为在法庭上和公诉方具有对等法律地位的辩护人，应当在全面掌握案件证据的情况下，对公诉机关的举证意见作出事先预判，从而让质证意见具有针对性，更好地服从服务于辩护意见。

（1）围绕罪与非罪、罪轻与罪重等问题对举证意见作出分析预判

每一起刑事案件，辩护人都面临着有罪、无罪、罪轻、罪重的辩护选择。实践中，常常有这样的情况，辩护人认为本应为无罪的案件，公诉机关却作了有罪指控；还有的案件，虽然被告人有罪，但其相应的自首、立功等从轻、减轻情节没有得到公诉机关认可，且直接关乎被告人最后的量刑。对于这样的案件，辩护人必须做足功课，透析公诉机关作出有罪指控的根本所在，明确其对被告人罪轻情节不予认可的根本原因，充分准备好质证意见，以期在质证过程中精准反击，确保对被告人有利的质证意见得以被法庭采信。

（2）围绕此罪与彼罪、轻罪与重罪问题进行分析预判

此罪与彼罪、轻罪与重罪，究竟应当如何认定，是司法实践中辩护工作

经常触及的问题。遇有这种情况，如有可能，辩护人应当在庭审前就指控的犯罪事实与情节和公诉人员作出必要的沟通，在沟通交流中充分掌握公诉机关作出相应彼罪及重罪指控的根据、具体的关键点，明确重罪指控的"症结"和瑕疵所在。在此基础上，紧密结合案件证据情况，当庭适时阐明相关的法律规定，特别是相关的学理依据，做好否定重罪指控的质证意见。

（3）抓住对被告人有利的其他从轻、减轻或者免除刑罚等情节认真分析预判

有些刑事案件的发生，案件的社会基础、当地的社情、民众的义愤程度、被害人的过错等相关情节对案件的处理方向都具有一定的影响作用。从严格和单纯的法律规定及罪与非罪的标准来衡量，公诉机关又不得不对被告人作出有罪指控。对于这样的案件，辩护人一定要明确公诉机关指控的弱点所在，结合案件的背景、社情、被害人过错等具有反向证明作用的证据，精准预判，发挥好质证职能，为被告人争得最有利的法律结果。

笔者在办理王某某非法侵入住宅一案时，针对公诉机关的有罪指控，收集了被告人母亲因宅基地问题长期遭受身为村霸的被害人一方欺凌而被迫投河自尽的相关证据，收集了广大村民集体控告被害人一方恶霸行为的血书，摸清了被告人将母亲尸体放置于被害人家中举丧事件的前因后果，当庭提出了和公诉机关有罪指控相反的质证意见。法庭辩论阶段，在总结质证意见的基础上，笔者明确提出被告人涉案行为情节显著轻微，对其不应当以犯罪追究的辩护意见。法庭最终完全采纳了辩护意见，对被告人免予追究刑事责任，被告人由此得以保留住公职。

（4）围绕被告人的主犯、从犯地位作用等涉案情节对举证情况作出预判

在司法实践中，有组织犯罪、集团犯罪，是辩护工作经常面对的犯罪形式。

与之对应的是，案件的主犯与从犯等不同地位作用的身份辩护，也是刑辩工作中的一种常态之辩。实际工作中，特别是黑恶犯罪等有组织犯罪中，有的一般参加者被认定为积极参加者，甚至是组织领导者，有的从犯被认定为首犯、主犯，还有的普通犯罪被拔高为涉黑恶犯罪。面对这种情况，辩护人一定要充分辨析相关证据，紧密围绕涉案相关法律政策及证据标准，辩证地看待控诉证据的证明作用，从中发现于己和辩护工作有利的因素，对举证意见实施精准慎重的质证反击，力争使被告人的质证意见为法庭所采纳。

3. 提高辩护技能，及时充分地发表质证意见

法庭质证，是辩护工作的核心内容之一。质证技能的高低，在某种程度上对质证意见是否被依法采纳，有着直接而重要的影响。即使是同一案件、同一证据，不同辩护人之间，其质证意见也可能存在较大差异。有的质证意见肤浅潦草，及表不及里，泛泛而谈，不能发挥应有的质证辩护作用；有的质证意见则直击案件要害，阐明案件实质，入人心扉，给法官以启发和警醒，直至最终被法庭所采纳，收到了意想不到的辩护效果。因此，辩护技能，特别是质证技能的高低，对辩护工作的影响十分重大。

实践中，法庭质证除了要求辩护人具备思路清晰、重点突出、表达精准等一般性要求之外，还要求辩护人必须注意紧密联系证据实际，始终如一地紧扣辩护主题，及时充分地发表质证意见，力争做到在法庭质证中技高一筹，先声夺人。

具体讲，应当着重从以下几个方面提高质证技能，增强质证效果。

（1）对举证意见的梳理、认识要做到全面确切

以庭审为中心的审判过程中，公诉机关往往根据案件需要进行分组举证。按照法律规定，辩护人对公诉机关的举证必须一证一质。也就是说，没有经过举证、质证的证据不能为法庭所采纳作为定案根据。这一客观情况要求辩护人在公诉机关的每组证据举证完毕时必须在内心深处对所有举证证据及相

应意见进行归纳总结，围绕全部证据，特别是定罪定性的关键证据明确公诉人的举证要点。这是实施正确质证的前提和基础。如果不能全面确切地辨析梳理举证意见，接下来的质证工作就会失去靶标，偏离中心，不能发挥质证意见辩护作用。

（2）对举证要点的反击要做到精准有力

从一定意义上讲，控辩双方虽然法律地位对等，但举证、质证的观点往往是对立的。特别是在涉及罪与非罪、此罪与彼罪、罪轻与罪重等案件关键情节时，双方在举证、质证时难免会唇枪舌剑，观点严重相背或对立是常态。这就要求辩护人在发表质证意见进行反击时，应围绕不同证据的自身特点及证明作用，质证观点鲜明，辩驳精准有力，直击举证意见的靶心，起到"打蛇打七寸"的决定性作用，让质证工作真正成为法庭辩护的扎实前奏和预演。

（3）发表质证意见要做到言简意赅

举证、质证，是广义的法庭辩论过程的组成部分，也是案件庭审的核心过程。正是通过大量证据的举证、质证，担负案件审判职能的法官，才在控辩双方你来我往，往复不同的意见冲突和碰撞中，对案件的认识得以深化明了，从而形成对案件定性和情节的认知，最终形成自己的审判意见。因此，辩护人一定要切实珍惜质证时机，充分发表质证意见。通过由浅入深、言简意赅的阐述，切实把质证意见全面充分客观地表达出来，让庭审人员，特别是合议庭成员，完整准确地明晰全部质证要旨。

（4）适应庭审情况变化，要抓住质证重点

现代诉讼制度的发展，特别是刑事公诉案件的举证、质证，对控辩双方办案技能要求越来越高。随着疑罪从无、无罪推定、非法证据排除、认罪认罚从宽等现代司法理念和新的诉讼制度的深入实施，电子证据和网络犯罪的出现，使庭审举证、质证的标准、节奏、内容都发生了很大的变化。犯罪形式和手段的多样化给案件证据的收集、庭审举证的要求都普遍增加了难度。针对这些情况，辩护人的质证工作一定要着眼于公诉方举证工作的情况变化，做到"如影随形，以变应变"，切实适应证据情况的发展和要求，明确抓住全案质证工作的重点，紧紧围绕案件的核心关键证据质证，以辩护意见的中心和重点统率质证工作，绝不偏离质证意见始终为辩护意见服务这一刑辩工作主题。

实践表明，坚持围绕上述几个方面做好庭审质证工作，我们的质证技能一定会得到稳步提升，质证辩护的水平有所提高，案件的辩护工作也会在实践发展中日益富有成效。

需要说明的是，所有的刑事案件庭审，一切法庭举证、质证活动，对于辩护人来说，其参与的最终目的都是更好地履行辩护职能，维护犯罪嫌疑人、被告人的合法权益。因此，质证作为辩护的手段，一定要落实到为辩护服务之目的上。

鉴于此，辩护人在充分发表质证意见的基础上，一定要注重总结归纳，通过认真总结归纳，让质证意见条理更加清晰，中心更加明确，观点更加鲜明，进而在法庭辩论中进一步得到优化、升华；通过形成坚强有力的辩护意见，力争让法庭最大限度地采信和接纳其所发表的辩护意见，忠实地履行辩护人的初心和使命。

把握法庭质证工作的主动权

在刑事诉讼活动中，"以事实为根据，以法律为准绳"作为司法实践的一条根本原则，贯穿于刑事司法的各个环节。落实好这一原则，做到正确适用法律，事实证据是最重要的前提和基础。相对于每一起具体的刑事案件，无论是公诉机关的指控，还是审判机关的裁决，判断事实证据的标准都只有一个，那就是"确实充分"。怎样的证据才算达到了"确实充分"这样一个法定标准，对此，《刑事诉讼法》第一百四十一条和《人民检察院刑事诉讼规则》都作出了明确规定。简单说，就是这样三句话：一是定罪量刑的事实都有证据证明；二是据以定案的证据均经法定程序查证属实；三是综合全案证据，对所认定事实已排除合理怀疑。对于前两条标准，相关的诉讼参加者在侦查、检察、审判三个环节中都比较容易把握和判断，甚至也较容易达成共识。但在最关键的第三条标准中，因为诉讼主体的角色和目标不同，其认识容易产生分歧。尤其是在有罪的认定和指控中，辩护人和公诉人对于相同的证据，是否能够排除人们对所证事实的合理怀疑往往有着不同的认知和解读，甚至形成完全相反的意见。对于其中存在疑问、瑕疵，甚至有些模糊的证据，正常的"排非"程序一般难以启动，辩护人在法庭质证及辩论过程中，如果不能进一步认真辨别、深入剖析其本质内核，彻底揭示这些证据的问题和矛盾，辩护工作必然变得被动和盲从，也不可能收到理想的辩护效果。从这一意义上讲，辩护人在法庭质证过程中，如果能够精心准备、切实努力，全方位、多视角地把瑕疵和问题证据的谜团真正解开，并力争使法庭对相应证据不予采信，对其效力全部或部分不予认可，辩护工作就会有主见而不盲从，变被动为主动，收到相对理想的辩护效果。

那么，辩护人应如何对公诉机关有罪证据的瑕疵和问题进行透视和剖析，彻底揭开这些证据真正的问题所在呢？笔者认为应当主要围绕以下几个方面进行法庭质证及辩论工作。

一、加强对有罪证据来源和程序上的审查判断，及时提出证据瑕疵和问题，否定证据效力

刑事诉讼活动，是一项十分严谨有序的法律实践活动。一个微不足道的

程序，一处毫不显眼的环节，都事关证据的最终效力。特别是对定罪量刑起决定作用的关键证据的收集，从《刑事诉讼法》到《公安机关办理刑事案件程序规定》《人民检察院刑事诉讼规则》再到《最高人民法院关于适用〈中华人民共和国刑事诉讼法〉的解释》都规定了清晰明确的证据收集获取程序。这些是获得刑事诉讼证据的基本规范和根本引领，公安司法机关的任何办案人员都必须毫无例外地予以遵循，否则案件的证据就有可能因来源和程序上的违规而丧失效力。这一点，作为辩护人，我们必须予以高度关注，切实在实际工作中认真践行，将其作为甄别有罪证据是否具有法律效力的重要依据。

在笔者代理的某村委会干部挪用公款案件中，公诉机关指控村民张某运作为村委会会计（没有正式任命，实为村委报账员），私下填写了转账支票，将360万元村民拆迁补偿款转至某私营企业名下，因而认定张某运构成挪用公款罪。在这一指控中，公诉机关的核心证据是一张转账支票。反贪局在侦查过程中收集到支票后，委托司法鉴定机构对支票相关手写文字进行鉴定，作出同一认定，结论为其中的收款人某"有限责任公司"等字样为被告人张某运书写。

接受辩护委托后，笔者多次会见被告人，其对书写支票一事始终予以否认，声称自己不曾写过这样的支票。笔者在认真阅看司法鉴定意见时，发现在鉴定文书中，鉴定人员在对检材和样本进行比较时，明明样本中有两个字和检材中的字相同，但其鉴定结论的论证部分却写道："虽然样本中没有和检材中相同的字迹可供鉴别比较，但从二者的书写习惯、笔势走向、字体的偏旁书写规律等多方面判断，仍可以认定为同一人所书写。"发现这一问题后，笔者首先会见了被告人，详细就笔迹鉴定事项进行了问话，了解到鉴定的样本是办案人员在案发后，让被告人在一天讯问结束后极端疲惫的情况下，比照支票样本上的字体连续模仿，抄写10遍并选择而成。然后，笔者通过私下走访鉴定单位，了解了该单位受理鉴定委托的程序和情况，掌握了该鉴定机构违规接受反贪人员私下委托等事实。最后笔者通过查询检察机关对外委托司法鉴定的相关规定，知悉办案人员对于此案的委托违反了《人民检察院鉴定规则（试行）》第十一条之规定，没有经本级或上级人民检察院的技术部门统一办理，而是侦查人员私自委托社会机构鉴定。在此基础上，笔者奔赴重庆，向西南政法大学著名笔迹鉴定专家就涉案鉴定意见进行咨询请教，得出了该案鉴定结论并不成立的结论。

开庭前，笔者多次和主审法官进行沟通，又提出书面申请，要求鉴定人员到庭说明情况，同时请专家到庭，以专家辅助人的身份对鉴定文书和涉案鉴定事项当庭作出解读。开庭时，笔者从鉴定程序入手，揭露了办案人员私下鉴定的违规行为，又围绕鉴定过程中存在的比对问题，直接论证鉴定结论的错误所在。经专家辅助人当庭阐释鉴定问题，笔者对认定张某运构成犯罪的该份关键证据提出根本否定意见，从而赢得了法庭质证辩论的主动权。法院最终对该份证据没有采信，作出了对被告人有利的判决。

二、紧紧围绕证据是否具有现实可能性质证质疑，揭穿相关有罪证据的非客观真实性

我们知道，作为刑事诉讼证据，无论是控诉证据还是辩护证据，在经过法庭举证、质证时，要达到其证明效力，其本质的、核心的要件是真实性。而证据真实与否，客观可能性是一个最为重要的评价标准。超出现实和客观可能性，证据形式再合法，内容再有利，也会因为其不具有现实可能而失去应有的证明效力。

在某副厅长李某受贿一案中，公诉机关有这样一起受贿指控：2009年、2010年、2011年的三个春节前，厅里召开例行的年终总结表彰大会。会后，被告人在其办公室先后收受其下属人员张某某等8人送予的款项22笔，共66万元。需要说明的是，案卷显示，这22笔指控的受贿事实都发生在三次会议之后，其中两次是7人行贿，一次是8人行贿，每人每次行贿数额均为3万元，每次行贿用时大约35分钟。

针对这一情况，笔者当庭从概率学角度，论证了35分钟内如果有7人到8人在同一地点轮流行贿，且数额相同、彼此之间没有商议、互不知情、没有约定、无人相遇，概率上根本不存在这种客观可能，从而明确提出了否定证据的质证意见。

三、从证据自身固有的法律关系中发现无罪痕迹，据理力争，实现证据效力对辩护工作的有利翻转

针对同一法律行为，当人们站在不同的视角，为了不同的利益去审视，可能会得出完全相反的认证结论。由此，刑民交叉法律问题也逐步成为刑辩工作探究的法律热点。面对这一情况，刑辩律师必须准确把握刑事犯罪的基本特征，明确相关具体犯罪行为的本质内涵，精准区分同一法律行为在民事、刑事两个领域内的效力所在，熟练掌握相关的法律政策规定，通过对相关证据的深入剖析解读，努力让控诉证据为我所用，争取质证和辩论工作的主动。

举一个例子。2018年8月，笔者曾经接受委托，代理了这样一起合同诈骗案件。犯罪嫌疑人姚某、刘某通过合法方式，竞拍获得TA市某国有商业用地两幅。为竞得上述土地，二人此前以A公司的名义分别向银行贷款、向相关公司借款，用于该项土地的交易。拍卖得手后，为开发

建设，二人开始融资，并与 TJ 市 B 公司签订合作协议。协议约定：B 公司投资 2600 万元用于 A 公司上述房地产项目的改造开发，不参与实际经营，不承担风险。同时约定，一年后，A 公司要向 B 公司支付 2600 万元的收益，并返还投资款 2600 万元。协议签订后，A 公司按照房地产开发的相关程序积极展开设计规划、报备、腾迁等具体事宜。

其间，因市政府规划改变，将上述涉案土地由原先的单独开发并入新的规划，进行成片开发，A 公司的开发遂暂时中止。在此期间，A 公司遂将 B 公司的投资款项分别用于偿还 A 公司过去经营所欠债务，包括偿还用于购买上述土地的相关银行贷款。此时，A 公司的经营出现严重亏损，无法按照合同约定返还 B 公司收益及投资。为此，B 公司多次到 A 公司讨要投资及其收益，A 公司均无力支付。双方遂多次协商，并签订补充协议，约定在 A 公司不能返还相应款项的情况下，将 A 公司变更，公司股权全部无偿变更到 B 公司名下，实现 B 公司对涉案土地的实际所有和掌控。

此后，虽经 A 公司及姚某、刘某多方协调，项目始终未能再行启动。B 公司也始终未能收回投资和相应收益，遂以姚某、刘某二人背负债务、不具有偿还能力，投资协议属于合同诈骗为由报案。公安机关迅即立案，将姚某、刘某二人抓获归案。

这起案件的核心证据就是作为投资事项的两份协议。在辩护过程中，笔者始终抓住协议本身内容所体现的法律关系、能够证明的问题，以协议名为投资联营，实为借款融资，且因为 B 公司不参与经营，合同有保底条款，不具有法律效力等为由，集中论证双方纠纷的本质是民事纠纷。A 公司及姚某、刘某没有任何虚构事实、隐瞒真相的行为，因而不构成合同诈骗犯罪。同时，笔者结合纠纷发生后，双方多次协商，签订补充协议，变更 A 公司股权等相关情况，论证姚某、刘某不具有诈骗的本质特征。

本案历经三年，最终法院对姚某、刘某作出了无罪判决。

再举一个例子。在笔者为某涉黑案件中的强迫交易罪进行辩护时，公诉机关出示大量证据，证明被告人对涉案土地所属村委会原支部书记及主任进行威逼威胁，要求其将土地出让给自己指定的人员。实际上，涉案土地是在土地交易中心挂牌交易，其决定权根本不在村委会手中。因此，这种强迫行为和土地的最终交易之间没有因果关系，证据本身对案件没有证明意义。笔者抓住这一情节进行质证，也收到了较好的辩论效果。

四、着重审查证据是否符合生活中的常规常理，从蛛丝马迹中发现反常之处，依靠科学和公理提示证据问题

作为认定有罪的证据，一方面，程序上要求其来源必须合乎法律规定；另一方面，内容上要求其必须客观真实。实践中，这种客观真实性往往需要通过多方面综合分析判断，才可能准确认定。有些案件的证据，特别是被告人的言词证据，从笔录看似乎其供述坦白清晰，态度上真实诚恳，且满心真诚悔罪，内容上也能与其他言词证据相互印证，似乎无可挑剔，但只要我们认真辨析，透过现象看本质，就能从许多所谓"如实供述"的口供中发现虚假证据的蛛丝马迹。

举个例子。在笔者办理的 Z 书记受贿犯罪案件中，从卷宗看，被告人的认罪态度非常好，每一起犯罪事实都有其单独的亲笔供词，有两份讯问笔录，还有两份行贿人询问笔录，且双方描述的行贿受贿"细节"都能对应上。表面看来，证据不仅形成了链条，而且环环相扣，无懈

可去。

但通过浏览案卷，笔者发现了这样一个细节：在被告人如实供述的一份长达 22 页的笔录中，内容包括核对被告人身份、告知被告人权利义务、告知讯问要全程录像，甚至还包括对被告说服教育的过程。然而，这样一份多达 1.2 万字的讯问笔录，记载的讯问用时只有 52 分钟。不仅如此，类似这样的笔录还不止一份，甚至还出现了这份笔录的调查人员在同一时间段被列入到本案的其他问话笔录上的情况。

在庭前会议开示证据过程中，笔者当庭明确提出类似证据肯定有假的相关意见，公诉人面面相觑，无话可说。法庭只好宣布休庭。

还是这起案件，其中涉及某老板向被告 Z 书记行贿 450 万元的相关犯罪事实，双方言词证据均讲明是现金行贿。法庭审理过程中，公诉机关为了增强行贿证据效力，出示了行贿人在公司先后 22 次提取款项的相关银行存根，以及公司记账凭证和入账票据来证明款项来源清晰。笔者在认真阅卷基础上，针对支票存根是银行转让支票存根，提款人签名不是行贿人，账本记录的款项和行贿人无关，没有确切证据证明行贿款项和 22 笔款项有关联等问题，提出否定性质证，大胆提出疑问，从而掌握了质证和辩论的主动权。

再举一个例子。在笔者办理的某局长受贿案件中，该被告局长陈述的涉及 22 人 40 多笔行贿款项中，时间跨度从 2014 年到 2017 年，受贿款项每笔金额少则 1 万元到 2 万元，多则 10 万元到 20 万元。从言词证据看，所有行贿款项都是红色百元面值的现金，贿款都是涉案店主从店里收集，或取用家中平时留存的现金。

针对这种情况，在质证过程中，笔者重点从三个方面对该证据提出疑问，从而论证其不可能为真。一是从贿款本身面值看，零售店在收取现金时往往各种面值都有。临时从店里收集现金，凑钱去行贿不可能都是红色百元面值的现金，更何况当时市面上还流通有黄绿两种颜色面值50元以及蓝色的面值百元的人民币。所以，全部款项均为百元红色面值，客观上违反常理，不具有可能性。二是零售店既然收取的是各种面值的零钱，但行贿用的都是整钞，必然有一个向银行以零换整的记录。没有这个记录就说明行贿的事实可能并不存在。三是从支付方式看，在整个案件发生的时间跨度内，现金支付已经大幅减少，手机支付已经普及，零售店不可能保有大量现金。

众所周知，2013年8月5日，手机微信支付就已经开始兴起，再早以前，大额支付也多采用银行卡。到2016年年底，几乎所有零售店完全实现手机支付，客观上零售店不可能存有那么多现金。因此，所谓从零售店收集现金去行贿的可能性基本不存在。

上述案例证明，刑辩律师可以通过案卷中的蛛丝马迹发现疑点，进而由表及里，由小到大，步步为营，层层紧逼，有力地增强法庭质证辩论的效果。

五、对存在虚假可能的有罪证据加以演绎推理，进而推导出相应错误结论，从而对该项证据加以证伪和否定

俗话说，讲一句假话需要用十句假话来维持和掩盖。同样的道理，我们从常理和逻辑思维的角度推断，办案中如果以一个虚假或者错误的证据作为大前提，其所证明的所谓犯罪事实也必然为假，其得出的结论有时甚至是荒诞不经的。

在庭审质证过程中发现证据有假，如果我们及时把这些有罪证据的虚假性进行延伸，必然得出新的更加错误的结论，这时刑辩律师就可以当庭对所谓的有罪证据进行证伪，从而将法庭质证和辩论工作置于极为有利的境地。

在某中学领导受贿一案中，被告人交代，其两年内收受和学校有对口教学资料供应关系的某新华书店一图书业务员的大量贿款，每年近200万元，两年款物近400万元。在被告人交代之前，行贿人已经在讯问中承认了这些事实。

然而，笔者在阅卷时发现针对这一犯罪事实的证据，除了涉案双方当事人的口供之外并无其他，比如款项的来源和去向，相关的新华书店账目，等等。对于这起案件，笔者在庭审质证过程中根据公诉方的举证情况为行贿人算了一笔账：每年行贿近200万元，且不说这么多款项的来源是否可查，开支是否符合书店账务的要求，仅从图书业务员必须盈利这一角度来说，在扣除相关税费和各种开支后，其营业额不应少于400万元。实际上，案卷中并没有关于行贿款项来源于书店方面的证据。试想一下，如果每年近200万元贿款由该业务员自己支付，书店又如何向他支付上述款项，有无账目可查？笔者经过调查得知，行贿人作为一名图书销售人员，家中有两个孩子和生病的老人需要供养，生活较为贫困，不仅其自身无力支付巨额贿款，更没有翻倍的盈利收入来改善家庭生活。试想一下，如果一个图书业务员一年有200万元用于行贿一名学校领导，他需要有多大的资金实力。我们按学校有2000名学生，每个学生每年拿出1000元用于购买教学辅导资料来算，全年总的费用也才200万元。实际上，当地学生连学费都算上也达不到这个数额。

庭审过程中，在笔者提出这样的质证意见后，控诉与辩护双方，谁主动谁被动，自然不言自明。

总之，随着刑事诉讼形势的不断发展，控诉证据的来源种类日趋多元，除了有来自公安、检察机关的侦查证据，来自纪委监委机关的调查证据，还有来自海关、监狱等机关的诉讼证据。因此，证据质量参差不齐，个别违法甚至虚假的证据也在诉讼当中不同程度地存在。作为辩护人，只有用心辨析、善于识别、大胆揭露，才能通过质证，让虚假证据、问题证据、瑕疵证据得到曝光，让法庭在举证、质证过程中真正查明案件事实，作出公正裁决。也只有这样，辩护人才能充分发挥辩护职能，最大限度地维护犯罪嫌疑人、被告人的合法权益。

以高质量的质证增强辩护效果

《孙子兵法·谋攻篇》有言："知彼知己者，百战不殆；不知彼而知己，一胜一负；不知彼不知己，每战必殆。"把这句话运用到刑辩工作中，要求我们从事刑辩工作的律师从接受案件委托开始，就应当在会见、阅卷、调查、出具法律意见书、起草辩护词、出庭进行质证、辩护等各个工作环节上，全面考察案件事实，准确把握证据瑕疵，细心研究法律规定，并在法庭质证过程中，着眼于公诉人员的指控重点，有针对性地做好刑辩工作，提高刑辩工作的成效。对此，本书试图从以下几个方面作些探讨和思考。

一、严格遵循庭审质证的规律和原则

《刑事诉讼法》明确规定："对一切案件的判处都要重证据，重调查研究，不轻信口供。""证人证言必须在法庭上经过公诉人、被害人和被告人、辩护人双方质证并且查实以后，才能作为定案的根据。""公诉人、辩护人应当向法庭出示物证，让当事人辨认，对未到庭的证人的证言笔录、鉴定人的鉴定意见、勘验笔录和其他作为证据的文书，应当当庭宣读。审判人员应当听取公诉人、当事人和辩护人、诉讼代理人的意见。"按照《刑事诉讼法》的上述规定，辩护人在刑事案件一审程序质证过程中一般遵循如下规律。

1. 突出重点

从一定意义上说，质证既是辩护方举证的基础，又是论证的前提和依据。现代诉讼理念要求，案件的真相应当从控辩双方的攻击、防御中自然而然地显现出来。因此，辩护律师在庭前要充分准备，把庭审中质证的重点放在经过证据展示后控辩双方仍存异议的证据上。《刑事诉讼法》和相关司法解释，都明确规定了刑事案件的庭前会议制度。根据这一法律规定，在法官主持下，对证据量大、案情复杂的案件，通过召开庭前会议，双方展示证据和认识分歧，为把握辩护工作的质证重点提供了有利条件，改变了过去那种开庭前控辩双方对证据知情程度不对等的状况。因此，辩护人必须把握庭前会议期间发现的证据分歧，明确质证重点，以充分发表正确的质证意见。

2. 遵循质证原则

为了保证质证的效力和质量，辩护人应当严格把握以下质证原则。

（1）当庭质证

各个质证主体的所有质证活动都必须在法庭审判中当庭进行，那些在庭外进行的质疑、质问不具有质证的效果和作用，当然也不具有法律的规制力。

（2）直接质证

按照刑事诉讼程序的原则要求，一切证据都必须经过控辩双方在法庭的直接质疑和质辩才能作为定案的根据。对于认定案件重要情节具有决定作用的关键证人，辩护人应当事先明确提出出庭要求。对关键证人不能出庭接受质证而只是宣读证言的，对书面证言提出的质疑，属于间接质证。如果证人不出庭作证，其证言证明力就会受到削弱。无论是言词证据还是实物证据，直接质证非常必要，不仅刑辩律师要努力坚持，审判人员也应当在审判实践中予以遵循。

（3）公开质证

未经公开质证的证据不能作为证据使用，更不能作为认定犯罪事实的依据。当然，有的证据如果涉及国家机密，即使不能向社会人员、当事人、其他诉讼参与人公开，也必须保证由审判人员依职权对这些证据进行严格审核，对符合证据要件的才能予以认定。

（4）全面质证

所谓全面质证，就是指所有证据都应当在法庭上出示，并经过充分质证，完全符合构成要件要求的，方可予以采信。对于当事人双方均已认可的证据、不存在异议的程序性证据等，可以出示说明，但不必进行质证，以提高诉讼效率。

3. 符合认识案件的一般要求

在审判实践中，举证的顺序按照有关法律规定已经形成了一套比较固定的模式，一般是公诉方在先，辩护方在后。质证的顺序应以举证的顺序为基础，但不应僵化死板，应给控辩双方较大的灵活空间。在有利于查清案件事实的前提下，除了可以按照犯罪行为发生的时间顺序举证，也可以按照犯罪构成要素举证，还可以按照犯罪因果关系等举证。对于单个被告人多个犯罪的质证，则应一个事实一质证。对于一个证人能证明数个犯罪行为的，该证人应分别作证、质证，而不应一次多证。共同犯罪的质证顺序要考虑共犯之间既是同案人又互为证人的关系，在供述自己罪行的同时也证实别人犯罪，因此对于共犯的质证应单独进行。

二、充分做好辩护质证的庭前准备

《刑事诉讼法》规定，可以用于证明案件事实的材料，都是证据，并列举了具体的证据种类，还规定了证据必须经查证属实才能作为定案根据。

这些规定充分说明，在案件的侦查、起诉、审判三个阶段，对证据的结论性要求是一致的，那就是"犯罪事实清楚，证据确实充分"。为此，辩护律师在庭审前必须认真阅卷，吃透案情，严格按照证据采纳、采信的标准，收集、审查、判断证据，树立"宁可备而无用，不可用而无备"的证据意识，为法庭辩护中的举证、质证工作奠定基础。要在审查案件、收集证据的同时，在开庭前对公诉方可能出示的证据及证明作用进行全方位预测，拟订质证方案，做好相应质证准备。为全面掌控运用证据，充分发挥证据的证明力，增强质证效果，辩护人应当从以下四个方面做好庭前预测，增强质证的针对性。

1. 根据被告人的辩解进行预测

被告人在刑事诉讼的过程中，受其特殊诉讼地位和主观心态的影响会提出各种理由为自己辩解。而公诉人在审查起诉阶段，会根据被告人的辩解去收集有关证据材料，或者申请法庭通知相应证人出庭作证。因此，辩护人在会见被告人时，尤其要注意听取其辩解，并根据其辩解有针对性地阅卷、收集和确定证据，从而准确预测，积极应对。

2. 对证据的矛盾点及合理性进行预测

在庭审过程中，辩护人如何合理利用案卷中的证据矛盾，并在法庭上作出有利于被告人的引导推论，是刑辩律师的一项基本能力要求。辩护人要反复阅卷、吃透案情，对证据中矛盾点产生的原因、矛盾点间的相互联系，以及相关法律依据等方面进行合情合理的分析，这样才有可能利用证据的矛盾之处，使质证向着有利于辩护方的方向发展。

3. 根据公诉人的言谈举止进行预测

《刑事诉讼法》规定，辩护律师自人民检察院对案件审查起诉之日起，可以查阅、摘抄、复制案件的诉讼文书、技术性鉴定材料和指控犯罪的事实材料，可以同在押的犯罪嫌疑人、被告人会见和通信。《律师法》也逐步明确和扩大了律师在审查起诉阶段的工作权限和内容。辩护人通过会见被告人、查阅案件材料，可以对案件的定罪量刑形成一定的认识和意见。在此基础上，辩护人通过开庭前与公诉人的正常沟通交流，也可以从其言谈举止中分析和预测公诉人可能会从哪些方面进行举证，从而更加有针对性地做好质证准备。

4. 对不同办案人员的认识能力进行预测

在刑事诉讼过程中，案件从立案侦查到审查起诉，直到移送法院，参与不同阶段的公安司法人员虽然认识能力不同，但都会在办案过程中或多或少流露出一些自己的观点。辩护人从接受委托之时起，在会见、阅卷和调查取证过程中，要充分考虑上述人员的初步看法、观点，从而寻找有利于辩护人的观点和证据，做好庭前质证预测。

三、采取灵活机动的质证策略

虽然公诉人和辩护人的举证权限在制度设计上存在一定的不对等性，但法律对辩护证据的要求标准也较控诉证据低，并不要求如控诉证据那样做到确实充分。根据《刑事诉讼法》的规定，辩护人的职责是根据事实和法律，提出犯罪嫌疑人、被告人无罪、罪轻或者减轻、免除其刑事责任的材料和意见，维护犯罪嫌疑人、被告人的诉讼权利和其他合法权益。因此，在许多情况下，辩护律师要做的就是指明控诉证据不合法、不真实、不具有关联性。根据疑罪从无、法无明文规定不为罪等刑事诉讼原则，辩护律师只要能够把有罪证据在程序上存在瑕疵，或者证据来源违法、证据不真实等说清讲透，就可以使辩护工作处于有利地位。这些原则是辩护律师最有力的法律武器。只要辩护人坚持"以事实为根据，以法律为准绳"的原则，依法质证，对不符合证据要件要求的定罪证据，特别是关键证据依法申请不予以采信，就有可能取得预期的辩护效果。

1. 对被告人供述与辩解、被害人陈述、证人证言等言词类证据的质证，应采用印证说明法，重点审查证据有无关联性

言词类证据在公诉案件中所占的分量最大，是每个案件都不能缺少的证据内容，其是否成立是关系到指控罪行能否成立的关键，而这类证据往往最容易因外界的干扰而发生变化。因此，对言词证据的质证，辩护人一定要注意发现控诉证据间的矛盾点，及时将矛盾点逐一罗列，扩大矛盾，割裂证据之间、证据和案件事实之间的联系，通过否定证据的关联性来达到否定控诉证据效力的目的。

2. 对勘验笔录、鉴定意见存在疑问的质证，辩护人应主张申请鉴定人出庭作出说明

勘验笔录是勘查、检验过程中形成的客观记载，是勘验者的亲身经历；鉴定意见是建立在科学基础上的结论。许多鉴定意见需要由具有专业技术知识的人员，依专业学科知识对某些现象或事物作出结论。这类证据一旦形成，一般不会因案件诉讼参与人的干扰而发生变化。对这类证据，公诉人往往会抓住证据固有的特点，如勘验笔录的客观性、鉴定意见的科学性等来阐述其具有证明力。因此，辩护人应着重对勘验、鉴定的主体身份是否合格，程序是否合法，鉴定意见是否科学，勘验、检验结论和案件事实是否具有矛盾性、关联性等方面提出质疑。

3. 对物证、书证及视听资料的质证，辩护人应重点围绕证据来源的合法性进行

物证、书证是靠其外部特征和自身留存的内容显示其证明力的。而我们所使用的视听资料，绝大多数是固定被告人供述、证人证言、现场勘查等材料的证据。对于这类证据，辩护人要重点审查证据收集程序是否合法，是否存在逼供逼证、诱导等，以及是否存在资料删减等问题。对这些证据存在的问题，公诉人虽然会反复阐明此证据与其他证据之间相互印证，因而具备客观性，并指出辩护人提出的违法问题没有证据予以反驳，但辩护人必须力主自己的观点。

4. 严密运用逻辑反证法，驳斥控诉证据中的非真实成分

当辩护人利用已经掌握的无罪证据或疑点证据来反驳公诉方时，必然与控诉证据在证据内容和目的上产生冲突，二者不可能同真。辩护人在论证其无罪证据有效性的同时，应当主动进攻，驳斥控诉证据在客观性、关联性、合法性方面存在的问题，狠抓薄弱点，质疑证据间的矛盾点，阐明证据与案件事实之间的游离现象，证据链条之间的断裂及中空现象，否定其证据的客观性、关联性、合法性，以摧毁其作为有罪证据的基础，从而维护无罪证据的效力。

四、掌握一定的法庭辩论技巧

在刑辩工作实践中，绝大多数的法庭辩论是公诉案件的辩论，公诉人出庭支持公诉的最终效果也是通过公诉辩论体现出来的。公诉辩论是公诉人整体素质的全面展现，直接决定出庭效果的好坏，直接影响检察机关的形象和威信。因此，刑辩律师准备的重点也应该是应对公诉辩论。

1. 抓住要害，突出重点

有些比较复杂的案件，内容很多也很凌乱，因此辩护人的辩护工作一定要抓住要害，突出重点，不宜面面俱到，以免冲淡主题。有些案件很复杂，特别是一些重大涉黑犯罪案件，往往涉及十几项、几十项犯罪事实，如果不能在有限的庭审时间内抓住要害，往往会被公诉人牵着鼻子走，陷入一种难以解脱的境地，不利于把重点问题说清。比如，受贿案，辩护的焦点往往是被告人是否利用职务上的便利或者是否为行贿人谋取了利益。辩护人一定要抓住被告人是否利用了职务便利或者为行贿人谋取了利益这一权钱交易的关键问题来展开辩论，对其他一般违法和犯罪行为则不要纠缠。

2. 抓住和利用矛盾及疑点

作为辩护人，尤其应当在质证过程中不失时机地寻找对己方有利的线索和机会。一方面要善于发现控方举证中的矛盾，另一方面一定要避免自相矛盾。发现矛盾点后，要认真思考，及时总结归类，迅速作出反应，用简洁的语言直击矛盾，揭示矛盾点。如果陷入自相矛盾的问题，应该立即采取措施进行补救。

3. 把握辩论的主攻方向

在法庭辩论时，辩护人一定要把握住自己的思路和主攻方向，既不要出现为图一时痛快把控诉观点驳斥得体无完肤，但辩护观点仍不明晰的现象，也不要出现让控方控制节奏被控方牵着走、误入歧途等不能自拔的状况。刑辩工作应该是以破为主、以立为辅，以攻为主、以守为辅。面对控方的指控，辩护人既要学会避实就虚，也要学会迂回前进，把握进攻点，反应敏捷，维护辩论主题之目的。

4. 以高超的应变能力强化辩论效果

《三国演义》中孔明用"坐议立谈，无人可及；临机应变，百无一能"来形容一个人没有应变能力。在法庭辩论中，辩护人常常会遇到一些意想不到的情况，有些情况是不可能提前做好准备的。如何应付好这一情况对辩护律师的基本应变能力来说是一个重要考验，也是体现辩护人综合素质的一个重要标准。对法庭上常常出现的个别公诉人借机向辩护人发难的情况，辩护人要沉着冷静，依照事实和法律，及时拿出应变的对策。对与定罪量刑有关的实质性问题，应据理反驳，绝不能沉默不语。

写好辩护词的关键要素

辩护词，是刑事案件庭审过程中，辩护人针对公诉机关的公诉意见，紧密围绕案件事实和质证意见，对全案进行深入的总结剖析，依法阐述被告人无罪、罪轻，或者建议法庭依法减轻、免除被告人刑事责任的意见。可以说，辩护词是整个刑事案件里辩护工作最重要的一份法律文书。它在全面阐述辩护立场，引导法庭明辨事实，反驳错误公诉观点，依法实现对被告人从轻、减轻或者免除处罚方面，具有任何其他刑事诉讼文书都不可替代的重要作用。因此，写好辩护词，不仅是每一名刑辩律师应当具备的基本技能，也是刑辩工作的核心工作内容。

根据笔者的工作实践，写出一份好的辩护词，应当着眼于以下几个方面的关键要素。

一、全面掌握案情，辩护意见应客观精准

"以事实为根据，以法律为准绳"既是一条基本的法律原则，也是我国刑事司法中最重要的一条原则。从检察机关的公诉指控到刑事法官的以审判为核心，再到刑辩律师的各种辩护意见的形成，司法实践中的任何一个办案主体都必须依靠且不能脱离案件事实这一基本的办案要素。也就是说，一切办案观点的形成都离不开对案件相关情况的把握和认知，更不能凭空想象。刑事辩护意见的形成，辩护词的出具都应当如此。

1. 辩护意见应当具有客观性

这里的客观性是指在法庭上公开发表的辩护意见必须立足于案件事实，不能抛开事实进行辩护。此外，客观性还表现在尊重案件发生的所有事实，除了案件发生的时间、地点、人物应当是客观的，还包括更重要的一点，即尊重案件发生的情节，包括尊重对被告人不利的那些有罪及罪重的认定情节，以及可能会造成对被告人从重、加重处罚的情节。建立在这一事实基础上的辩护意见才是客观的、经得起时间和历史检验的。

2. 辩护意见应当具有精准性

所谓精准，就是辩护人提出的辩护意见和观点与涉案被告人、指控的犯罪事实，以及公诉方的控诉意见相对应。即针对某个案件的某一被告人所发表的辩护意见，只适用于此被告人；辩护意见只针对这个特定被告人的涉案事实；辩护意见在针对事实和被告人及公诉意见这个问题上，不具有任何可替代性，仅适用于此案、此人、此情、此景、此公诉意见。

3. 辩护意见应当具有鲜明性

所谓鲜明，就是明确、具体，对罪与非罪、此罪与彼罪、罪轻与罪重、轻罪与重罪，辩护意见应旗帜鲜明，态度坚定，让人一听就明，一看就懂，不能吞吞吐吐，犹豫不决。绝不能在案件某一情节某一问题的辩护上，意见忽左忽右，一上一下，来回摆动。实践中，有这样的辩护人，因为自身对案件没有吃透，或者为了讨好法官，或者出于对相关法律的一知半解，辩护中没有主见，也没有清晰的意见，属于"骑墙派"，随风倒，究竟要发表什么辩护意见，自己心里也不清楚，甚至提出前后完全矛盾的辩护意见。这样的辩护不可能收到好的辩护效果。

4. 辩护意见应当具有可行性

辩护意见的可行性，就是其被审判机关采纳的可能性。具体讲，可行，就是辩护目标的设定应当符合案件实际，符合法官对定罪量刑的宽容度。让法官感到满足这一辩护目标，既不是高不可攀，也没有让被告人蒙尘受冤。我们知道，没有哪个辩护人发表辩护意见的终极目标是让自己的委托人获得重判，否则就有违刑辩工作的根本初衷和立法要求，就会毁掉整个刑辩制度。从这一意义上讲，辩护意见的可行性，同样不能脱离案件事实，同样必须针对被告所犯罪行，做到尊重事实、精准到位、不折不扣，一以贯之地体现对被告人有利的原则。

二、紧扣事实证据，让质证与辩护相统一

以审判为中心的刑事诉讼制度，其核心是通过庭审举证、质证，真正查清案件真相，发现案件程序和证据方面存在的问题，进而去伪存真，保证依照法律规定作出正确裁判。在这一过程中，最核心的是庭上的举证、质证工作。

一方面，公诉机关通过庭上举证，展示提起公诉的各类证据，阐述案件事实，确定此罪、彼罪及情节轻重，保证所指控的犯罪事实和涉案情节能够得到法庭认定，依法追究被告人的刑事责任。另一方面，辩护方则通过质证过程对公诉机关的举证观点进行辩论与反驳，指出其中的错误、疑点、盲点，提出合理怀疑，引导法庭全面客观地看待案件并独立作出判断，从而作出合法公正的裁判。

从这一过程可以明显地看出，刑辩工作，表面看来重点和关键环节在于法庭辩论阶段辩护意见的发表，而辩护意见的积累形成却是在法庭调查的举证、质证阶段。许多时候，是"台上辩护十分钟，庭审质证长久功"。从这一意义上讲，辩护意见和质证意见是前后一脉相承的统一整体，好的辩护意见，恰恰是法庭质证意见的进一步总结归纳。

1. 辩护意见应当对质证意见加以提炼和升华

庭审实践的大部分过程，是在法庭主导下的举证、质证过程。根据《刑

事诉讼法》的规定，对于公诉机关举证的每一起事实和证据，辩护人都需要依法发表质证意见。正是众多质证意见的不同表述，才形成了辩护人在整个庭审过程中贯穿始终的辩护思路和想法。而法庭辩护的局限性，要求辩护人必须善于总结抽象，对茫茫如云的辩护意见加以提炼升华，形成最终发表的辩护意见。因此，刑辩律师必须苦修内功，在辩护工作中针对质证意见，学会"弹钢琴"，而不是把辩护意见变成质证意见的简单堆砌。

2. 辩护意见应当对质证中的关键问题进行重点阐述

按照矛盾的对立统一观点，任何事物都有主要矛盾和次要矛盾之分，而任何事物的矛盾又都存在矛盾的主要方面和次要方面。辩护人为形成辩护意见而发表的质证意见也是如此。一起刑事案件的庭审，即使庭审时间再长，庭审证据再多，控辩双方争议的核心也无非是事关被告人罪与非罪、罪轻与罪重、此罪与彼罪这样几个关键问题和主要矛盾及矛盾的主要方面。辩护是否有效，最终也取决于法庭对控辩双方所持观点的采信程度。因此，在法庭辩论中，辩护人必须在这一有限的时空区间内，切实把质证中提到的有利于被告人的关键情节和主要矛盾方面进行集中充分的表述，并力争让法庭理解接受。特别是要对那些能够否定被告人身份、否定作案时间、否定从重情节、否定指控罪行的情节，以及能够证明被告人自首、立功、退缴赃款赃物等涉案情节像"庖丁解牛"一样，深剖细化，充分阐述，尽最大努力赢得法庭的认可。

3. 辩护意见应当顺应质证意见中的基本观点

辩护意见是质证意见的总结和升华，其最重要的一点就是保持和质证意见的一致性，这也是质证意见作为辩护意见的前提和基础的重要体现。在辩护实践中，保持这种先后意见的一致性、顺应性，重点是把握质证意见的全部合理内核，在辩护意见中让质证意见得到充分的提炼和升华。一定要防止质证意见和辩护意见出现"两张皮""各说各"的现象，更不能让辩护意见脱离质证内容和质证意见，形成与质证观点对立的"题外"辩护观点，切实让质证意见的精华深入扎实地贯穿于辩护意见之中。

4. 辩护意见应当紧扣经质证确认的案件事实

"事实是断案之魂。"从辩护意义上说，辩护人只有紧扣案情，让辩护事实和证据"说话"，辩护工作才可能富有成效。

> 笔者在办理段某某合同诈骗一案中，发现公诉机关指控段某某犯罪的核心证据是一份涉案煤矿储量报告，但笔者发现该份煤矿储量报告的形成是在涉案双方煤矿交易完成之后。也就是说，煤矿交易的双方，无论是在谈判价格，还是在签署转让协议、办理过户手续时，所谓"犯罪证据"的煤矿储量报告均没有形成，即不存在以煤矿储量报告作为交易依据而进行煤矿交易的可能。针对这一事实，笔者从法庭质证开始到最后发表辩护意见，一直反复强调该证据与认定的事实无关，法庭不能据此认定被告人段某某利用煤矿储量报告实施合同诈骗，应当依法宣告其无罪。最终，辩护人的意见得到了法庭的采纳。

三、严循案件逻辑，说理论证应当透彻清晰

法庭辩论，归根结底展示的是一种说理的技术。辩论水平的高低从一定程度上反映出的是控辩双方围绕案件事实，进行说理论证能力的强弱。而衡量辩论工作说理论证能力高低的一个重要标准，就是看公诉和辩护两方的法律意见，哪一方道理讲得清晰透彻，论证深入浅出，事情说得明白。这当中，作为当事一方的辩护人，依靠法言法语，围绕事实证据逻辑鲜明地进行论证，是赢得辩论先机的重要前提。很难想象，一个逻辑思维混乱，文字表达能力薄弱，不能正确表述案件事实、讲明案件证据的人，能够清晰确切地在法庭

上阐明自己的辩护观点。这样的法庭辩护又如何能赢得法庭对相关辩护意见的关注和采信？因此，从一定意义上讲，是否有符合法律逻辑的辩护思维，对辩护工作的成效至关重要。

我们讲法庭辩护要讲逻辑，主要是指辩护词的形成。其中，法庭辩护意见的发表，应当在以下几个方面注重讲究逻辑。

1. 注意遵循事物发展客观规律

世间万物都有其运行的客观规律，生活中的一切无不如此。刑事案件虽然各不相同，但其发生都有一定的时间、空间，同样应当遵循必要的逻辑准则。比如，在涉及案件事实时，明明是月黑风高的阴历初一，认定的案件事实中就不能出现在月下作案。再如，对于故意杀人案件，即使现场留有被告人的物品痕迹，也要考虑是否有确实充分的证据证明被告人有作案时间。又如，在行贿案件中，被告人收受了成百上千万元的巨额现金贿款，无论是来自个人行贿，还是来自单位行贿，即使有了言词证据，也要考虑贿款资金的来源。个人行贿的，其有无资金能力，大量现金钱款从何而来，有无相关书证佐证；单位行贿的，有无取款借款手续、相关账目报销记录。不具备上述条件的，辩护意见都应当打个问号。类似问题，辩护中一定要结合案情进行扩展性思考，必须让辩护意见遵循并符合事物发展的客观规律。

2. 注意探寻具体案情的逻辑可能

生活中的每一件事，其发生、发展总有其独特的本质特征，刑辩工作尤其应当注意这些具体事物的内在特征，一切背离事物内在特征规律的细节都可能成为辩护工作的切入点。比如，已经截取下肢的被告人是否可能在盗窃中驾车作案？国有单位聘用的临时工是否可以成为受贿犯罪的主体？一个双目失明的被告人可否对他人直接实施暴力袭击？一个15岁至16岁的未成年人是否能够成为黑社会性质组织犯罪的首要分子？等等。案件中遇到这样的事实，作为辩护人，都应当从案件本身的逻辑出发，认真思考。

3. 注重辩护词自身应有的逻辑关系

书写辩护词、发表辩护意见，其根本在于实现对被告人从轻、减轻或者免除处罚的辩护目的。这当中，辩护词的合理结构组合、鲜明清晰的语言运用、符合逻辑的思维方式，对于合议庭成员正确理解认识辩护内容，吸收辩护观点，实现辩护目的，具有十分重要的作用。失去合议庭的理解支持，再好的辩护词也是空中楼阁，华而不实，即便再好听、好看，也不会收到辩护效果。

所谓结构合理，就是辩护词本身在通篇叙事结构上要注意案情发展的前后顺序，犯罪情节的轻重缓急，被告人地位作用的主次大小。陈述辩护观点应前后有序、一脉相承，不能"东一耙子，西一扫帚"，层次不清，次序混乱，让人如坠十里云雾，不知所云。所谓语言鲜明清晰，就是辩护用词要朴实严谨，明白精准，恰如其分，让人听了不会产生歧义和误解，能够知其然也知其所以然，切忌随意造词，标新立异却晦涩难懂。所谓符合逻辑思维，是指说理论证层次要分明，条理要清楚，讲述问题分门别类，种属概念界定准确，严防眉毛胡子一把抓。比如，在论证被告人具有从轻处罚情节时，假如把从轻作为辩护的一个种概念提出，它下面的从轻情节则包含了自首从轻、立功从轻、退赃从轻等属概念下的从轻表述。辩护词中这种用词和概念上的种属关系一定不能混同，否则辩护词就会产生逻辑层次上的混乱，干扰法官的认知，最终给辩护效果造成不良影响。

4. 注意辩护用语的规范和严谨

既然刑辩是一种语言艺术，那么辩护用语的严谨规范就是刑辩律师的一项基本职业要求。所谓用语规范，强调的是辩护词及法庭辩护用语要于法有据，于理有源，合理合法，使用的是法言法语，不是普通人的聊天用语。所谓严谨，就是出语谨慎，话要讲到位，但不能过火；要尊重案情事实，不能脱离事实；要让闻者听言达意，不卖弄辞藻，也不刻意刺激，更不能借用辩护之机对公诉人、被害人及其他涉案人员嘲讽奚落，甚至谩骂攻击。

总之，写好辩护词，发表一份成功的、高质量的辩护意见，是一个很大很深的题目。"路漫漫其修远兮"，这需要我们在未来的刑辩实践中不断探索、创新、完善、提高。

除此之外，良好的辩护风范也是赢得法庭赞赏，让辩护工作赢得"民心"，实现辩护意图的重要前提条件。以审判为核心的刑事审判制度的确立，使庭审程序更加科学、严谨、合理。随着司法审判人员业务素质的提高，刑辩律师也有了展示辩护技能，彰显职业风范更好的机会。高超的辩护技能、精彩的辩护意见相结合，会让刑辩工作锦上添花。为此，一场好的刑事辩护，一份精美绝伦的辩护意见书，必须辅以严格的律师执业纪律和规范。

因此，无论什么样的刑事案件，无论涉及什么样的公诉机关，无论当事人有什么样的辩护要求，刑辩工作，特别是相关的刑辩意见，一定要严格遵循法律规定和律师执业道德规范，绝不能出格离谱，跳到法律规范之外，更不能在辩护过程中添加所谓的辩护行为艺术，失去高超辩护艺术和辩护工作应有的格调和风采。

辩护律师法庭发问五项注意

法庭发问，是《刑事诉讼法》赋予辩护人的一项重要诉讼权利，也是辩护律师行使辩护权的基本方式之一。具体来说，辩护律师的法庭发问，是指在刑事庭审过程中，经审判人员当庭允许，辩护人依法向被告人、证人、鉴定人等相关诉讼参与人，就涉案有关问题进行提问，以做好辩护工作的一种诉讼形式。在司法实践中，辩护律师恰如其分的法庭问话对于澄清案件关键事实，划清己方被告人的地位作用，明确相关人员的法律责任，实施精准有力辩护，具有十分重要的意义。

在具体工作中，虽然不同的辩护律师代理不同的刑事案件，具有不同的法庭问话方式和技巧，也形成了各自不同的辩护风格，但作为在刑事诉讼过程中处在"辩护人"这一法律地位的诉讼参与人，其刑事庭审中的法庭问话总有一些共同规律可循。本书结合笔者自身的办案实践，总结了五个注意事项。

一、充分做好开庭前的问话辅导工作，让问话具有明确的目的性

案件到了开庭审理阶段，作为一名合格的辩护人，对自己的委托人所涉罪行、情节轻重、有无罪行，可能面临的刑罚，都已经心中有数；对将要在法庭上发表的辩护意见，也已经了然于胸。而辩护的最终成功，离不开被告人在法庭上的依法供述和积极配合。因此，辩护人必须在详细阅卷、全面掌握案件事实的前提下，做好准备。针对法庭上可能发表的主要辩护意见，利用庭审前的会见机会，和被告人进行充分的沟通交流，让被告人真正明确自己在案件中所处地位、作用，明确辩护人是作有罪辩护、罪轻辩护，还是无罪辩护。明确自己从哪些方面看是无罪，从哪些方面看是有罪，清楚罪轻、罪重的相关情节，进而在庭审中回答辩护人问话时，做到心中有数，配合默契。

我们应当明确，法庭问话、法庭质证、法庭辩论，是贯穿一起刑事案件庭审阶段的主要诉讼过程。对控辩双方来讲，从一定意义上说，前面的诉讼过程都是服从服务于后面最终的法庭辩论过程。没有前面良好的法庭问话和法庭质证做铺垫、打基础，就不会有后面优秀而精彩的法庭辩论过程。因此，法庭问话作为刑事案件庭审实质进程的开局阶段，对后面的质证和法庭辩论都会不可避免地产生影响。前面基础打得不牢，后面想要有出色的辩护会很难。

二、围绕关键问题进行发问，有意识地问出关键答案

一个合格的辩护人，通过庭前会见沟通应当让自己的委托人清楚明白辩护人法庭问话的目的，讲清对己方有利的关键情节，为后续辩护工作打下良好基础。特别是在事关坦白、自首、立功、退赔、补偿等对被告人有利的关键情节方面，辩护律师一定要在庭审问话中精准发问，被告人则应当在做好充分准备的基础上，在法庭上做到依法坦然如实回答，给出辩护人需要的有力答案，形成对未来辩护意见的有力支撑。

尤其应当注意的是，要切实防止辩护人、被告人庭审前没有进行深入的沟通便展开问话，形成法庭问话漫无边际，脱离案情，各说各话，问答"两张皮"的局面。实践中，常有这样的现象，有的辩护人因为事先没有和自己的委托人充分沟通，法庭上问话无重点、无关键，甚至单纯为了发问而问话，问一些与案件无关紧要的问题，脱离辩护主题，严重影响庭审和辩护效果。这些情况必须在实际工作中加以避免。

总之，从庭审的法庭问话阶段开始，辩护律师对涉案被告人的发问应当始终围绕质证所需和最后的辩论意见，前后连贯，一脉相承，为法庭质证和后面的辩论意见服务，让问话体现出鲜明的目的性。

三、对同案其他被告人的发问，要立足于该被告人与己方被告人之间有无利害关系

凡二者有利害关系的，辩护人应当在充分了解案情中二者关系的基础上，对法庭答问作出精准预判，做到慎重发问。特别是对双方存在主犯、从犯利害关系的情况，应突出问清发问对象自身的地位作用，防止出现对己方被告

人不利的回答。对于有明确事实证明己方被告人是从犯的情况，辩护人对发问对象可以多问深问，以图通过其他被告人之口讲明案件事实，让法庭充分了解己方被告人所处的从犯地位，从而为辩护发言埋下伏笔。

四、对案件中相关证人的发问，应突出证明对己方有利的案件情节

刑事案件中的证人，包括控方证人和辩方证人。发问中，因二者的证明观点不同，发问也应当有所区别。控方证人出庭多是公诉机关为了证明被告人存在作案事实，情节严重，需要从重处罚等情节。针对这一情况，辩护人的发问应当在遵循案件基本事实的前提下，注重寻找于己方有利的情节，发现其中证言的矛盾之处，进而重点发问。通过证人回答问题的矛盾和不合情理之处，让法庭明晰案情，形成对己方被告人有利的认知。对于己方证人的发问，则应在事先做好沟通交流的基础上，依据案件事实，简单明了，直接发问，让有利于己方被告人的证言了然于法庭之上。

这里需要注意的是，根据对案情的综合分析，如果案件事实清楚，而控方证人又有可能作出对己方不利的证言，辩护律师也可以放弃对控方证人的发问。

五、对鉴定人员、相关专门知识人员的发问，一定要立足于鉴定意见或其他专门性问题

通常情况下，并非所有的案件都涉及鉴定意见或专门性问题。但随着刑事犯罪手段的多样化发展，案件越来越多地需要相关的鉴定意见或专门性问题说明。实践中，凡是涉案鉴定人或专门人员到庭接受问话的，多是因为辩

护人对其中的鉴定意见或专门性问题说明持有疑问甚至否定意见。因此，辩护人对这样的法庭发问一定要熟知相关的鉴定条件、鉴定依据、鉴定标准、法定通知程序，做到所提问题专业而精准，保证把问题问清问明，消除疑问，让法庭明确问话所要解决的专业问题症结之所在。

比如，对于检察机关的外聘鉴定问题，根据最高人民检察院制定的《人民检察院鉴定规则（试行）》第十一条规定，人民检察院对外委托鉴定时，应当通过本级或上级人民检察院的检察技术部门统一协助办理。办案中，检察机关办案人员自行委托社会机构进行鉴定的，如果没有履行经过检察技术部门统一办理这一手续，则有违规操作之嫌。针对类似的情形，辩护律师对专业的鉴定人员、专门人员进行发问，一定要事先做足功课，自己先把专业的问题搞明白，防止外行问内行，使法庭问话陷于被动。

总之，辩护律师在法庭上的问话对象，除去本身负有辩护职责的被告人之外，就一个完整的庭审过程来讲，多会涉及同案中其他被告人、证人及鉴定人员，或者其他专门人员。这些不同的诉讼参与人，因其在诉讼中的地位、角色不同，对案件的感知程度不同，对案件中的同样一个问题可能会有不同的看法。因此，在法庭发问环节，辩护人必须着眼于不同问话对象的特殊情况，根据他们对案件的感知程度，特别是和自己被告人之间的相互关系，视案件辩护所需来决定对他们是否发问以及如何问话，事先设计好问话内容，在法庭上引领问话的发展方向，防止于己不利的答问情况发生。

辩护人和办案人员的沟通交流

办案中的沟通问题，是一个老生常谈却又常谈常新的题目。以往的办案实践给人这样一种感觉，虽然通常的刑辩工作可以分为公安机关侦查、检察机关起诉、法院依法审判这样三个阶段，但作为刑辩工作，辩护人和办案人员的沟通交流工作往往是贯穿始终的，基本上没有明显的阶段界限。辩护人与各种沟通对象的主要区别在于，在某一阶段沟通交流的侧重点有所不同，而其中有些问题的沟通交流又存在于案件办理的整个过程，从而形成沟通交流的相通性、连贯性、整体性。

沟通和交流，可以说是我们现代生活中使用频率很高的两个词汇。做好沟通交流，在不同工作领域对于人们达成工作合意、实现工作目的、完成一项工作任务具有重要意义。具体到刑辩工作，辩护人和办案人员的沟通交流工作的成效如何，不仅事关被告人享有的诉讼权利，更事关法律能否正确实施，关乎社会公平正义。从一定意义上说，沟通交流不仅是辩护律师履行辩护职责、实现辩护目的的重要手段，而且是刑辩工作中一项最基本的工作方式和工作内容，是刑辩律师应当具备的一项基本工作技能。

一、明确沟通交流的基本内涵，让沟通交流切实具有可行性和可期待性

什么是沟通交流？从字面意义上讲，就是信息的相互传递。对刑辩工作而言，沟通交流主要是指辩护人通过口头或书面形式，把已经掌握的有利于犯罪嫌疑人、被告人的信息和意见，以合法及其他适当的方式传递给办案人员，从而期待得到办案人员相应的积极反馈，以维护犯罪嫌疑人、被告人的合法权益。我们知道，根据《刑事诉讼法》《律师法》的相关规定，辩护人的职责是根据事实和法律提出犯罪嫌疑人、被告人无罪、罪轻或者减轻、免除其刑事责任的材料和意见，维护犯罪嫌疑人、被告人的诉讼权利和其他合法权益。这里不难看出，上述法律规定中的"提出……材料和意见"作为辩护

人阐明自己观点的基本方式，其本质内涵就是沟通和交流。因此，刑辩律师的沟通交流工作并非无法可依，而是有规可遵、有章可循的。

讲到这里，我们需要明确一个问题，既然是事关刑辩工作的沟通交流，那么就应该有一个目标和大致界限。也就是说，我们的沟通交流涉及什么样的案件才有必要？沟通交流应当围绕什么情节？沟通交流应当实现什么样的目的？只有明确了这些内容，沟通交流才能具有可行性和可期待性，避免无序性和盲目性。

关于沟通交流所涉及的案件范围，笔者认为，正常的沟通交流适用于我们代理的所有刑事案件。换句话说，只要对犯罪嫌疑人、被告人有利，只要能够实现对犯罪嫌疑人、被告人从轻、减轻或者免除处罚的辩护目的，我们就可以进行沟通交流。

但在实践过程中，由于案件本身的特殊性，证据事实的特定性，我们的沟通又必须务实，即必须突出重点，有所选择和取舍，否则不仅会使辩护工作徒增工作量，还可能事倍功半，适得其反。

因此，在辩护工作中，有必要和办案人员进行实质性沟通的案件，应当具备以下几个条件。

1. 在立案或者采取强制措施方面存在严重的程序问题

比如，被立案侦查，甚至被采取强制措施的犯罪嫌疑人有着某种特殊情况，如有的是处于孕期或哺乳期的女性，有的是患有某种不适宜羁押疾病的涉案人员。针对这些问题，作为辩护律师，应当毫不迟疑地提出沟通交流意见。

2. 对犯罪嫌疑人、被告人有利的情节被办案机关忽视或者遗漏的

在刑事诉讼过程中，辩护人一项最重要的职责就是发现辩护情节，提出辩护意见，这一工作贯穿刑辩的始终。但在实际工作中，由于身处不同的诉讼地位，站在不同的诉讼角度，有些公检法办案人员和辩护人的思维模式不同，对案件的关注点、着眼点有时也有很大区别，这就很容易导致有些对犯罪嫌疑人、被告人有利的情节不能或没有得到相应机关的认定。

比如，在犯罪嫌疑人如何归案这一问题上，目前在几乎所有涉案卷宗中都被公安机关界定为抓获经过。这种办案说明，从名称上就有一种意欲排除自首情节的可能。既然案犯是被抓获归案的，又何谈自首？这其中产生的影响甚至会对司法机关未来对坦白情节的认定，产生不利影响。实际上，在司法实践中，多数涉案的犯罪嫌疑人、被告人都不是被抓获归案，有的人甚至是主动投案，主动交代涉案事实。

再如，在不少共同犯罪中，我们代理的犯罪嫌疑人或被告人都有协助抓获其他同案犯的事实和陈述，但在公安机关的侦查结论中，对其是否构成立功，多数均没有作出结论。

又如，有的犯罪嫌疑人、被告人在与辩护人第一次会见时，就对其参与犯罪的程度进行了如实供述，综合全案事实，应当属于从犯；或者属于情节显著轻微，不构成犯罪；或者属于其他不应当追究刑事责任的情形。如果辩护人在工作中发现存在这样的涉案情节，应当及时主动地和办案人员进行沟通交流，以便办案人员及时澄清案件事实，作出对犯罪嫌疑人、被告人有利的结论。

3. 其他可能影响案件事实认定或可能改变案件结论的

在司法实践中，个别案件的涉案事实从一开始就出现了明显的疑点。案件中某些有利于犯罪嫌疑人、被告人的基本事实，侦查机关未给予应有的关注，检察机关审查起诉也没有发现，对被告人有利的情节没有得到依法确认。对于这样的涉案情节，辩护人绝不能忽视，必须及时果断地向相应的办案机关提出意见，予以沟通交流。如果辩护人坚持做到对上述案件中的相关问题及时发现、及时沟通、主动交流，就一定能够使辩护工作取得良好的效果。

需要说明的是，随着客观形势的发展，刑事案件的办案程序、内容、环境较过去有了很大不同。虽然我们前面讲到了应当或者必须和办案人员沟通交流的诸种情形，但在实际工作中，情况往往并非如此。对于有些案件，特别是犯罪事实极其清楚，证据确实充分，办案程序合法，犯罪情节清楚，且又没有重大社会影响，沟通交流确实没有实际意义的，就没有必要再费时间和精力，这样做也是对诉讼资源的节省。

二、精准把握案件证据条件，熟知相关法律政策规定，努力提高案件沟通交流的质量

毫无疑问，辩护人实施沟通交流的目的在于让办案人员听取并接纳沟通意见，从而得出对犯罪嫌疑人、被告人有利的诉讼结论。这其中最关键的问题就是沟通交流必须有质量。而这个质量来自我们对案件事实的熟悉程度，来自我们对法律法规的理解和高度精准的认知。很难想象，一个不了解案件详细证据情况，对法律法规一知半解的辩护人，能够和办案人员进行高质量的沟通交流。因此，熟知案情、精通法律，是辩护人进行良好的、有建设性办案沟通的必备前提。

实践中，我们常听到辩护人有这样的抱怨：某某警官不接电话；某某检察官不同意见面；某某法官态度蛮横，根本听不进律师意见；等等。遇到这样的情况，作为辩护人，我们首先应当考虑这样一个问题：真正意义上的沟通，我们是否准备好了？我们是否真正全面、客观地掌握了案件事实？是否进行了充足的法律准备？我们的沟通意见是否切实可行？

客观地说，前面讲到的种种办案人员不接待，甚至先入为主的现象，的确在有些单位的有些办案人员中不同程度地存在，但我们绝不能据此拒绝和办案人员进行正常的沟通交流。事实上，每个办案人员都不会拒绝和辩护人进行有价值、高质量的沟通交流，愿意"和高手过招"是办案人员的共性。

因此，实施高水平、高质量的沟通交流是成功辩护必须具备的前提条件。

举一个例子。在笔者办理的蔡某某非法持有枪支弹药案件中，侦查机关根据群众举报，对蔡某某非法持有猎枪一事进行立案侦查。侦查机关认定的事实是：蔡某某系某狩猎协会会员，在其会员资格期满，已经不具备会员资格的情况下，仍然和其他会员一道进行狩猎活动，并在狩猎活动结束后，将狩猎用枪支带出指定狩猎区域。在侦查过程中，蔡某某主动交代了侦查机关还未掌握的其持有小口径步枪的犯罪事实。

在辩护过程中，笔者通过会见和认真阅卷了解到如下情况：蔡某某原系狩猎协会会员，在进入狩猎区域时，蔡某某的会员资格虽然已经过期，但其进入狩猎场所实施打猎的行为得到了狩猎现场管理人员的同意。在结束狩猎，准备带枪离开现场时，蔡某某也通过现场工作人员联系了狩猎射击协会的相关领导。经领导核实其原会员资格，同意蔡某某将枪支带离现场。

针对这一情况，笔者及时将相关证据进行整理，并写出书面《情况反映》提交公诉机关的办案人员。在此基础上，笔者又和办案人员面对面沟通，提出对蔡某某持有猎枪的行为不应当认定为犯罪的意见。公诉机关经认真审查，最终没有对蔡某某持有猎枪的行为提起诉讼。与此同时，笔者依法对蔡某某非法持有小口径步枪的行为展开深入辩护，进一步提出应当对蔡某某主动交代犯罪事实的行为认定为自首的辩护意见。经过几番周折，最终法院对蔡某某非法持有小口径步枪的犯罪行为以自首认定，从轻处罚，仅判处其一年有期徒刑。

应该说，这起案件，如果没有笔者会见和阅卷过程中的严谨、细致、敏锐，没有后续进一步和公诉检察官的深入沟通，就不可能取得这样一个理想的辩护效果。

三、灵活运用沟通技巧，不断提高沟通技艺，努力让沟通意见变为现实可能

实践中，作为辩护人，我们都有这样的感受：在不少案件中，辩护人可能也发现案件事实或证据存在这样或那样的问题，自己虽然费尽九牛二虎之力，但要么沟通不成，要么沟通意见无法被办案人员采纳。说到底，这里还是有一个沟通方式、沟通技巧，甚至沟通能力的问题。沟通能力、沟通水平上不去，再好的沟通意见也不能转化为实实在在的辩护成果。因此，辩护人必须从多方面提高沟通技艺和能力，努力使自己的沟通交流意见转化为实实在在的辩护成果。

1. 注意强化角色意识，积极寻找办案共同点

辩护人要在沟通中理解办案人员的所思所想，学会从侦查、公诉角度理解办案人员的思维模式和认知，明确辩护工作也是办案全过程的重要组成部分，明确辩护工作是澄清全案事实的环节之一，从而做到在办案理念上贴近办案人员，在事实证据和办案目标上发现共同点，通过变换方式和角度来阐述自己的辩护观点，以期办案人员接受自己的沟通主张。

2. 注意沟通交流的循序渐进，允许办案人员有一个必要的认知过程

不容否认，在刑事诉讼过程中，不乏个别办案人员沟通交流态度生硬的情况。但总体上，我们应该相信，绝大多数侦查办案和检察、审判人员是具备较强的基本办案素质的，他们愿意探究案件真相，力求公平正义，不愿意发生冤假错案。有了这样的认知基础，只要具备必要的时间和耐心，就有实现顺畅沟通，明了辩护意图、达到辩护目的的可能。

3. 注重文字沟通，以文字促交流，实现办案沟通的良性互动

办案时，在和公检法办案人员的电话沟通中，对方经常会告知辩护人"有

什么需要沟通的可以提交书面意见"，然后就匆忙挂断了电话。面对这样的局面，辩护人不妨认真书写出具有高质量内容的书面法律意见，或者形成书面的关于代理案件的情况说明，直接递交案件承办人员，在办案人员收到书面意见后，继续打电话催问和沟通。

实践表明，只要我们的法律意见足够正确、态度足够真诚、内容符合案件事实和法律规定，对于办案机关正确处理案件能够提供正面帮助，承办人就一定会接受我们的沟通交流要求，甚至采纳我们的法律意见。

4. 要有恒心和正义感

辩护律师要敢于坚持和发表符合案件事实和法律规定的正确意见，不负职责和使命。如果说律师工作是一项专业和充满挑战的工作，那么刑辩工作则更需要辩护人敢于付出和担当，以辩护人的初心履行好辩护职责。

我们要记住，在司法实践中，无论是掌握强大公权力的公安司法人员还是在诉讼中"替坏人说话"的辩护律师，都要在尊重事实证据的基础上坚持依法办案。任何背离事实和证据，超出法律规范办案的行为，都是对法律人使命的背叛，都是对公平的法律精神的亵渎。

总之，刑辩工作中和办案人员，特别是辩护人和公诉机关的沟通至关重要。只要我们明确沟通交流的内涵和外延，提高沟通交流的能力，熟练掌握相应的沟通技巧，就一定能够进行高质量的办案沟通，努力实现辩护意图，更好地维护犯罪嫌疑人、被告人的合法权益，维护法律的正确实施。

如何在刑辩中化解与委托方的矛盾

在刑辩工作实践中常有这样的现象，辩护人一方认为自己已经尽力履行了协议约定的依法会见、解答咨询、提供法律帮助，甚至和办案人员沟通等工作内容，但委托人一方仍然对辩护工作不满，为此发生纷争，甚至投诉。

这些现象成为刑事案件辩护工作中的一股浊流，影响辩护工作的正常开展，损害刑辩律师的声誉，甚至造成双方互有损失的局面。因此，有必要在实际工作中对这一问题加以探讨解决。对于这一矛盾，笔者从辩护人的角度出发，认为有以下几种解决方法。

一、严格履行告知义务，确实让委托方明确辩护人的权限职责

需要明确的是，在辩护人和委托方这一对立统一的矛盾体中，辩护人作为受托方，在一定意义上居于矛盾的主导方面。因为在一起案件发生后，其运行的程序是依照法律规定进行的。对此，作为委托方的犯罪嫌疑人、被告人及其亲属大多不是法律专业人士，他们对法律常识或是一知半解，或是不知不解，而委托和受托行为本身都是依照法律规定进行的法律行为。这当中，辩护人作为对相关涉案法律"先知先觉"的一方，对接受受托后应该做什么，不应该做什么，有哪些法定权限和职责，都是十分清楚的，因此在接受委托过程中，在一定程度上居于主导地位。所以，只要意欲接受委托，就责无旁贷地对委托方负有说明和告知相关情况的义务。

实践中，当事人前来办理委托，辩护人总要和委托方进行一定的沟通交流，这一过程对辩护人履行上述告知义务非常重要。这时，辩护人一定要从以下几个方面告知委托方相关内容。

1. 告知辩护人的法律职责

辩护人要根据事实和法律提出犯罪嫌疑人无罪、罪轻或者减轻、免除其刑事责任的材料和意见。辩护的目的是依法维护犯罪嫌疑人、被告人的合法权益以及其他诉讼权利。我们要明确，辩护人法定职责的核心是提出材料和

意见，维护犯罪嫌疑人、被告人的合法权益，而不是抛开法律规定肆意辩护，更不能维护委托方提出的非法利益和要求。

2. 告知辩护人在不同阶段的辩护内容和目的

特别需要强调的是，如果前述第一项告知还算比较抽象的话，那么这一告知则应当明确且具体。也就是说，我们要告知委托方，在侦查阶段，辩护人的主要工作是依法进行会见，通过及时会见了解并掌握基本案情，解答犯罪嫌疑人、被告人的法律咨询和疑问，向其家属作出适度的情况通报。同时根据案件具体情况，对已经采取刑事拘留强制措施的犯罪嫌疑人、被告人申请取保候审。

在审查起诉阶段，辩护人应当告知委托方，在这一阶段中辩护人最重要的辩护工作是阅卷，最重要的权利是可以调查取证和参与认罪认罚，并在此基础上，根据案情向公诉机关提出不起诉建议，或者其他对犯罪嫌疑人、被告人有利的从轻、减轻、免予处罚情节的法律意见，力争使公诉机关在审查起诉阶段作出对犯罪嫌疑人、被告人有利的诉讼结论。

在法院审判阶段，辩护人应当明确告知委托人的内容是，合议庭是案件审理的常用方式，不是法官一人定案；告知被告人自身有辩护权，辩护人会协助被告人辩护。此外，作为委托人知情权的重要内容之一，辩护人应当就辩护的具体内容和委托方、被告人进行沟通，征求他们的意见，并在讲清利害关系的基础上吸取他们合理合法的意见。

3. 告知辩护工作可能面临的不利因素

辩护人在这方面需要事先向委托方说明的情况主要包括：辩护工作中的律师会见难问题、和办案人员的沟通难问题。告知的目的在于防止委托人因会见和沟通问题不畅而产生不满，促使双方相互理解，共同促进办案工作的良性循环。

这里需要特别强调的是，我们一定要向委托方说明当前辩护工作中普遍存在的会见难问题，包括辩护人在会见时间、会见内容、会见方式等方面面临的诸多限制，以期辩护人能够得到委托方的正确理解。对于委托方三番五次要求会见，而会见内容又和案情无关的，辩护人应当明确告知自己的职责是依法辩护，以期将更多的精力放在具体的辩护工作上。

二、严谨对待办案委托程序，委托代理合同应当全面、规范、合法

辩护工作是刑事办案工作的重要内容之一，必须遵循《刑事诉讼法》《律师法》等相关法律。这种遵循和约束主要是通过辩护人、委托方之间的委托代理合同来体现的。实践中，不乏辩护人因为不能严格遵循相关法律进行代理并导致投诉，最终受到纪律惩戒之先例。因此，作为一名对自己、对工作负责任的辩护人，一定要严谨对待各项委托办案程序，尤其应当把住签署委托代理合同这一关口。

说到严谨对待各项办案程序，对辩护人来说，最主要的是结合委托代理合同的签署，做好以下几个方面的工作。

1. 合同内容严谨有序

所谓严谨，就是要依照法律规定，对代理案件过程中可能发生的纠纷有所预判，作出约定。比如，辩护人会见与否、何时会见，应当根据办案需要，而不是为了帮助委托方传递信息。再如，辩护人可以向委托方适度介绍案件情况，但不能将涉案材料交付委托方进行阅看。又如，刑事案件代理后，在代理费的收取方面，如果办案过程中发现犯罪嫌疑人增加或减少罪名的，就增加或减少律师费的问题应当事先作出明确约定。还如，代理权限何时终了，费用何时交清，以何种方式交付，不得违规收费，等等，都应当在合同中依照法律作出明确约定，切实堵塞漏洞，以防止发生纠纷后无谓地纠缠和投诉。

2. 合同规范合法

委托代理合同，是辩护人和委托方就辩护的具体事项，经充分协商达成一致的书面协议，是约束当事双方办案行为规范的法律性文件，也是解决后续双方纠纷的基本依据。因此，合同内容必做到规范合法。也就是说，合同不仅在形式上要符合《民法典》关于委托代理合同的基本要求，在内容上还要符合《刑事诉讼法》《律师法》关于办理案件和律师履职的法律要求。这当中，包括但不限于当事人双方资格的确定性，代理内容的规范性，代理方式的合法性，代理权限的法定性，等等。

3. 注意有些案件程序的特殊性

实践中，有些案件因其自身固有的某些方面特征可能在程序上或办案过程中面临一些特殊程序，有的直接影响着委托方的期望值和满意度。比如，因饮酒过量而引发的危险驾驶案件，其审理速度可能会很快。再如，有些由中央或省市领导机关交办的专门案件，在会见、阅卷程序等方面较之普通刑事案件可能更为复杂和烦琐。又如，涉及军职人员犯罪的案件，因为军人这一特殊群体，在办案程序上部队政法机关有时出于保守军事秘密之需要，也会有一些特殊要求。还如，认罪认罚的小案件及其他轻微刑事案件，在审理程序上可按简易程序进行，开庭过程中举证、质证相对简单，等等。这些情况都需要辩护人在签署合同过程中注意做好谈话笔录，逐一向委托方做好明示，以防发生不必要的误会而影响双方关系，影响正常的辩护工作。

三、严肃依法履行职责，不得对委托方作出违法或虚假承诺

辩护人依法实施辩护，是在法律框架范围内具体实施的办案实践活动，其应当遵循的基本法律规范是《刑事诉讼法》《律师法》。以往的经验表明，只要辩护人坚持在工作中按照法律规定履行职责就不会发生"翻船"事故，

哪怕因为不被委托人理解而发生投诉事件，辩护人的行为也经得住时间的检验。在遵循法律规定履行职责方面，从防止发生不必要的纷争做起，辩护人应当注意以下几个方面。

1.必须依照法律和相关规定进行会见和办理其他辩护事项

包括但不限于依法会见，以及由此而衍生的其他辩护事项。比如，依法解答法律咨询，依法提出变更强制措施的相关申请，依法提供法律意见和辩护意见，等等。只要严格按照法律规定办理上述事项，无论发生什么情况，委托方对辩护人的工作都将是无可挑剔的。

2.依法进行阅卷，并适时适度地和委托方进行案情沟通

辩护人依法阅卷，一项最为重要的注意内容就是不要让与案件无关的人员阅及案卷材料，即不能向无关人员泄露案情，这是辩护人一项重要的法定义务。谈到此处，一个和阅卷密切相关的问题就是如何和委托方就案件情况进行沟通。这里需要注意的是，法律严格禁止向与案件无关的第三方透露案情，这里的第三方，根据笔者的理解，显然不包括委托方在内。作为依法进行案件委托的犯罪嫌疑人及被告人的近亲属，是法律意义上的诉讼参与人一方，即使按照委托代理合同这一原则，了解案情、掌握办案进展、监督辩护人依法履职，也是委托人民事知情权的重要内容。

当然，实践中，这种权利的行使并非必须通过阅看刑事案件卷宗取得，而是来源于辩护人的案情沟通。在具体工作中，辩护人的每一次会见，案件程序和事实上的每一步变化都需要辩护人向委托方，包括犯罪嫌疑人、被告人、委托人进行通报。这种依法适时适度地通报情况，不是刑事法律意义上的泄露案情，而是辩护人的正常工作，也是委托人一方对案件知情权的重要体现。

3.依法质证并辩护，法庭之上充分发表相关意见

在所有案件的委托方看来，辩护人的辩护工作如何、表现怎样，接受委托以来委托人所有的期望都聚焦在开庭审判这一重要环节上。而辩护人的整个庭审表现又集中地通过庭审质证和法庭辩论这两项工作展现出来。这就要求辩护人在前期各项工作准备充分的基础上，依法行使法律赋予的辩护权利，充分地发表相关意见。要做到质证精准有力，发言逻辑清晰，观点鲜明到位。特别是辩护词的准备和发表，庭前一定要和委托方相关人员进行充分、透彻的沟通，在事关罪与非罪、罪轻与罪重、此罪与彼罪等重大辩护方向上，依照案件事实和法律规定的条件达成一致，防止因辩护意见和委托方相悖或存在偏差，引发委托方不满。

这里需要特别注意的是，在具体的辩护工作中，即使案件事实和证据对犯罪嫌疑人、被告人再有利，无论办案人员对辩护人作出了怎样的有利承诺，辩护人都不能在辩护工作中接受委托方的违法请求，都不能对案件办理事项，特别是办理结果作出承诺。不能以炫耀认识办案人员、有某些特殊关系，或者承诺以疏通关系，甚至拉关系、行贿赂的方式来承接和办理案件，更不能对案件的最终处理结果提前作出承诺。

四、切实学会换位思考，尽全力满足委托方合理合法的要求

圈内有句颇具哲理的话：辩护人进行辩护，从某种意义上讲，他办理的不是案件，而是当事人的人生。这句话，从委托人的角度道出了案发后委托人一方对案件结果的美好期盼。同时，这一哲言也提醒我们，辩护人是受人之托的法律工作者，不是代表公权力的办案人员，辩护人的首要职责是依法维护犯罪嫌疑人、被告人的合法权益。这就要求刑辩律师在履行辩护职责的过程中，必须具备换位思考的能力，学会从委托方的角度思考和理解他们的想法和需求，这也是妥善处理和委托人关系的重要前提。说到辩护人的换位思考，笔者根据实践经验，认为关键要做好以下两个方面。

1. 要有悲悯之情

要知道，不论基于什么样的原因，刑事案件的发生对涉案的加害方和受害方而言，都不是一件好事。从犯罪嫌疑人、被告人的角度而言，他们都希望通过辩护人的辩护得到罪轻或者无罪的结果，这也是他们聘请律师辩护的初衷所在。如果辩护人不能转变角色、换位思考，就很难在办案中"拉近"和委托方的关系，很难形成双向互动，辩护工作也不会"一路畅通"。

清华大学法学院张建伟教授在图书《分光镜下的法治》举办发行仪式时告诉辩护人：你们要牢记，法律人应当具有悲天悯人之情怀。对于刑辩律师，这种悲天悯人之情怀来源于我们最起码的职业素养，来源于法律赋予犯罪嫌疑人、被告人的权利，来源于刑辩工作的初心和理念。因此，在法律允许的范围内，辩护人要有适当的悲天悯人之情怀，走近被告人和委托方，这也是辩护工作赢得对方理解，减少不必要纷争的重要条件。

2. 要有包容之念

所有委托律师的亲属都希望犯罪嫌疑人、被告人无罪、罪轻，甚至指望律师能扭转乾坤，化解危困，立即救其亲人于水火。对此，我们绝不能简单拒绝或者受而不理，更不能与委托人发生争吵，导致委托人投诉。应该说，对委托方的耐心和包容是我们做好每一起个案辩护的前提和基础。很难想象，一个动辄发火抱怨，甚至轻易迁怒于委托方的辩护人，能够尽心竭力地做好案件的辩护和代理。在具体案件上，对委托人多一分包容，多一分理解，多一分耐心，我们的辩护工作就会多一分力量，多一分成功的可能。在这个方面，律师是他们最可靠的一棵"救命稻草"，我们应该遵循的同样是不忘初心，方得始终。

总之，作为辩护人，在学会换位思考，以悲悯之情、包容之念做好刑辩工作的同时，尤其要注意在法律允许的范围，特别是在辩护词的内容上，尽量满足委托方合情、合理、合法的相关诉求，并力争通过自身的不懈努力，为犯罪嫌疑人、被告人争取最有利的裁判结果。

刑事辩护专业化发展及着力点

谈到刑辩工作的专业化发展，至少应该包括两个方面的内容，一是律师事务所的专业化，二是刑辩律师个人业务的专业化。在工作实践中，两者互为依托，从而形成良性的循环互动。律所总体专业化的程度提高了，可以更好地带动律师个人业务水平的提高和业务发展；而律师个人专业技能的提高则可以弥补律所发展的业务短板，促进律所整体专业化水平的提高。

在新的形势下，刑辩工作的专业化发展，无论是律所的运转前行，还是律师个人业务的拓宽前进，都呈现出不可阻挡之势，刑辩的专业化趋势变得越来越明显。出现这种必然性趋势主要有以下三个方面的原因。

一、提供专业化刑事辩护，是犯罪形势复杂性所需

实践中，犯罪形式越来越细化和多样。比如，过去不曾有的网络犯罪、信息犯罪、黑社会犯罪、洗钱犯罪，等等。不仅如此，涉案的证据种类和形式较之过去也有了很大变化，特别是电子证据的出现赋予了刑辩工作许多新的内涵。

过去单一的诈骗罪又分化出合同诈骗、集资诈骗、票据诈骗等十几种具体犯罪形式。如果从主体和行为特征划分，我们还可以分化出职务犯罪、有组织犯罪、网络犯罪、青少年犯罪等不同的犯罪类别和形式。即使在具体的有组织犯罪过程中，一个总的犯罪目标也往往存在不同人员之间的专业化分工、模块化运作、系统化衔接等。复杂的犯罪形势带来的必然是刑辩工作面临罪行的多样化、辩护分工的专业化。

二、提供专业化刑事辩护，是刑辩工作的需要

犯罪形势的复杂严峻，促使相应的立法工作突飞猛进。单就具体的法条来说，一部《刑事诉讼法》，除去洋洋洒洒的法律条文，光公检法三家的规定、规则、解释，其信息量就增加了很多倍。如果再加上相应的具体罪名的司法解释，以及"两高"业务部门就个别案件所作的具有指导意义的批复，刑事案件所涉及法律法规及政策性规定规模庞大。在这样的情况下，即使律师个人的记忆力再好、理解力再强，如果没有专业团队的辅助，也不可能圆满完成信息记忆、收集、运用、处理的任务，更不可能提供全面精准的法律服务。

三、提供专业化刑事辩护，是相关当事人的需要

简单来说，刑辩工作是"救人"的工作。每一起案件的委托人都希望得到刑辩律师最专业、最高效、最精准的法律服务，让涉案的被告人得到最有效的法律救助。

实践中，当事人在委托前最关心的问题是律师是否承办过他们所委托案件的同类案件，这种情况本身就是对律师辩护专业化的要求和期待。实际上，不同的刑事案件，其辩护要点和思路也不相同，这种不同恰恰是刑辩业务专业化的体现。

比如，对于合同诈骗案件，我们要考虑案件本质是否为民事经济纠纷。再如，对于毒品案件，我们要考虑毒品纯度的高低、行为性质是运输还是买卖、涉案物品是毒品本身还是制毒原料。又如，对于套路贷案件，我们首先要考虑从业务洽谈到资质考察、从贷款承诺到合同签署、从款项发放到资金归还等是否存在陷阱和暗坑，也就是说，是否存在套路。这些问题的答案事关委

托人、当事人的期待，直接关系到委托代理合同的签署。如果没有专业化分工，没有专业化解答，辩护结果很可能与当事人的愿望相去甚远，甚至有损辩护人的声誉。从这一意义上讲，是否具有专业化的刑辩分工和能力，是成功开展刑辩的基础。

除此之外，从刑辩业务发展的趋势看，实施精准的专业化分工也是一种国际趋势。基于上述原因，笔者认为，刑辩工作的精细化、专业化，不是有无必要的问题，而是大势所趋。

为此，面对新的形势，我们在开展刑辩工作的专业化过程中，应当着重围绕以下几个方面进行前瞻，力争在提供专业化辩护方面先行一步，精深一步。

1. 注重研究新的犯罪形式、新的犯罪手段、新的犯罪标准，掌握辩护工作的主动

求新，就是与时俱进，否则就会使辩护工作陷于被动。特别是在新的形势下，利用网络和个人信息犯罪，利用企业融资需求犯罪，利用老人养生观念犯罪，利用青年学生消费心理犯罪，其手段和形式都在不断翻新。客观形势要求我们必须研究这些犯罪情况，作出专业化、精细化的分析预判，有针对性地开展辩护工作，做到未雨绸缪，掌握辩护工作的先机和主动。

2. 注重研究新的证据形式、证据要求、证据收集方法等，创造性地进行法庭质证

虽然《刑事诉讼法》在不断进行修改和完善，但是证据方面的立法工作仍然不能跟上刑事诉讼形势的变化。特别是随着网络技术的不断发展，信息化技术的日益普及，刑事犯罪中诉讼证据的形式也在发生急剧变化。比如，与网络和信息技术相关的电子证据，特别是微信、微博、抖音等新媒体方式的普及，使电子证据的形式、收集、标准、效力与其他证据相比都发生了很大变化，如电脑硬盘系统的电子数据鉴定更多地出现在诸多刑事案件当中。这些变化也更多地涉及专业操作及精细化勘验和认定问题。如果辩护律师对这些情况茫然不知，对专业知识一知半解，就不可能很好地开展法庭质证工作。

3. 注重研究新的诉讼程序、诉讼规范、诉讼热点，让诉讼规则充分为我所用

党的十八大以来，法治建设形势突飞猛进，其中立法工作的巨大成就是一个重要标志。具体到刑事法律，不论是实体方面的《刑法》，还是程序方面的《刑事诉讼法》，都取得了丰硕成果。出现了许多关于罪名及认定标准的司法解释，以及关于诉讼程序方面的新规定。这些新的立法成就将直接作用于我们的刑辩实践活动，只有不断学习、求知求解、准确理解、熟练应用，才能让法律和政策规定为我们所服务。

除了学习研究新的犯罪相关规定，刑辩律师尤其应当加强对认罪认罚从宽制度、企业刑事合规制度、刑事和解制度、法律援助制度、量刑规范意见等相关内容的学习，不断在专业道路上精细进取，让专业规则服务于最专业的刑辩工作。

总之，律师个人刑事辩护的专业化、精细化程度影响甚至决定了整个律所的专业化发展程度。因此，我们要在注重做好专业化分工及合作的同时，注意培养不同罪行和类别的刑事辩护专业人才，让精英律师释放出强大的辩护能量，弥补律所在刑辩工作中的不足，实现律所、律师、当事人三方共赢。

第二章

刑辩工作中的经验放谈

刑民交叉案件辩护工作的要点

随着我国经济社会生活的快速发展，在司法实践中，刑民交叉案件呈现出日益增长的趋势。在刑辩工作中，辩护人面对的刑民交叉案件情况越来越复杂，辩护难度越来越大。如何在具体案件的辩护工作中，厘清法律关系的本质，坚持罪刑法定原则，切实维护被告人的合法权益，已经成为刑辩工作需要高度关注和处理的热点、难点问题。从司法实践角度看，依法妥善处理好刑民交叉案件，厘清刑事犯罪与经济纠纷的界限，对于打击犯罪、保护社会秩序，维护权利人合法权益同样具有十分重要的意义。

那么，作为诉讼活动重要参与主体的辩护律师，如何在具体的诉讼实践中，针对代理案件本身刑民交叉的具体特点，准确把脉案件事实，有效质证涉案证据，依法发表辩护意见，力争使辩护工作收到应有的效果呢？笔者认为可以从以下几点入手，全面提高刑辩律师在代理此类案件时的认知和能力。

一、刑民交叉案件刑辩工作的内涵

所谓刑民交叉案件，单纯从字面意义上理解，就是指在具体案件涉及的法律行为当中，行为本身可能兼具刑事和民事两种法律关系的特征。从司法实践看，刑民交叉之说不是规范的法律称谓，而是办案人员为便于工作在实践中自发形成的简单叫法。

早在 1998 年 4 月，最高人民法院审判委员会就通过了《关于在审理经济纠纷案件中涉及经济犯罪嫌疑若干问题的规定》（以下简称《规定》），2020 年 12 月 23 日，最高人民法院又依法对《规定》的个别条文进行了修改。这个规定针对人民法院审理民事经济纠纷案件中发现刑事犯罪问题如何处理，从审理程序、责任确定等方面作出了具体明确的要求。其实质是我国最高司法机关对刑民交叉案件作出的最早的具体和细化规定，这是公安司法机关及相关代理律师办理此类案件重要的法律遵循。笔者认为，从一定意义上讲，直到今天，这个规定依然是刑民交叉案件中相关办案各方办理案件的重要法律依据。虽然刑民交叉案件在《规定》中不曾出现，但《规定》在法律上对刑民交叉案件的处理作出规范，已经是一个不争的事实。

今天我们在这里研究探讨的如何开展刑事民事交叉案件的辩护工作，显然是指那些已经进入刑事诉讼程序，且作为案件主体的犯罪嫌疑人、被告人已经被采取相应的取保候审、刑事拘留、逮捕等刑事强制措施，是纳入刑事诉讼程序后，犯罪嫌疑人、被告人需要律师对其展开辩护，以维护其合法权益的刑民交叉案件。

这些刑民交叉案件，就法律主体而言，作为刑事案件主体中的被告人、被害人，可能与民事案件的当事人重合，可能是民事诉讼的一方当事人。就法律事实而言，刑民交叉案件包括具有同一法律事实的刑民交叉案件，以及存在关联法律事实的刑民交叉案件。前者，比如，因不满刑事责任年龄不予刑事处罚，但不能免除监护人民事赔偿责任的案件。再如，以借款方式进行索贿的刑事犯罪案件。就法律关系而言，这些案件可以同时涉及刑事和民事法律关系，能够分成刑事案件与民事案件两部分办理，事实上又存在刑民交叉法律关系。就法律责任而言，作为刑事案件中的犯罪嫌疑人、被告人，因为同时违反刑事法律和民事法律的行为，可能要分别承担刑事责任与民事责任。但是涉案行为人并非必然要承担双重责任，如有的案件可能存在刑事犯罪嫌疑，但应当认定为民事法律行为。例如，有些房地产开发合作案件，在相关各方合作进行融资之后，可能发生的某些合同诈骗案，其案件的实质则可能是民事经济纠纷。但没有发生刑事案件，不意味着民事责任的排除。

综上所述，笔者认为，作为辩护工作直接对应的刑民交叉案件，应当具有以下几个特征。

1. 在法律事实上，刑事犯罪和民事纠纷存在重合。

比如，某化工企业实施生产废物排放。在其违反排放法定标准，且经过一定时间的排放，造成的污染达到定罪处罚标准的时候，该企业的排污行为就可能涉及侵害环境方面的犯罪以及对国家和受害单位和个人的赔偿责任重合的问题。

2. 辩护人所对应的涉罪主体与可能或将要发生的民事诉讼主体存在交叉或重合。

比如，在骗取贷款案中，犯罪嫌疑人因提供虚假贷款资料而成为刑事犯罪的主体，但其往往也是偿还银行贷款责任的民事主体。

3. 正在进行的刑事诉讼与已经存在或将要发生的民事诉讼之间存在关联性，导致在适用程序、确定证据、明确责任等方面存在重合或影响。

比如，一起因出售煤矿构成的合同诈骗案件，在公安机关决定对被举报具有合同诈骗嫌疑的 A 公司及其工作人员采取立案措施之前，已经被收买煤矿的 B 公司以同一法律事实提起损害赔偿的民事诉讼。在公安机关立案之后，基于同一涉案事实，则存在民事程序是否需要继续或中止的问题。

4. 在法律责任上，如果主体一方承担了刑事责任，其民事责任同样不可避免；但也存在不承担刑事责任，只承担民事赔偿责任的可能。

比如，在苗某及其房地产公司诈骗案件中，苗某所在公司涉案金额 4000

万元系公司融资所得。在被控合同诈骗罪以不起诉结案后，虽然苗某及其公司不构成犯罪，但相应的 4000 万元还款责任仍然不能免除。

二、辩护所涉刑民交叉案件的主要表现形式

刑民交叉案件的辩护工作，所涉案件是正在进行刑事诉讼程序的相关案件。实践中，有以下几种常见的表现形式。

1. 在经济活动过程中，当事人双方或多方因融资或履行合同发生纠纷，其中认为自己是受害一方的当事人，为挽回经济损失，进行刑事报案，形成相应的刑事案件。

比如，购销合同当中的赊账问题，或者房地产开发当中的合作融资问题，因为市场或双方之间的诚信问题，常常会引发合同诈骗犯罪案件。

2. 在资产管理、产品直销及相关理财活动中，收纳资金的一方当事人因不能履行事先承诺而引发的非法吸收公众存款、非法传销、集资诈骗等犯罪行为。

比如，各地民间已经和正在发生的，以高额投资回报为诱饵的理财购物案件，以所谓的"民族资产解冻"、颁发扶贫补助款等事项牵连的诈骗类刑事案件，等等。这些案件涉及大量出资投资的被害人，往往形成群体性索赔问题，直接关乎社会稳定。

3. 国家工作人员，特别是从事基层管理服务工作的国家工作人员，利用职务便利和手中权限，向管理服务对象或存在利害关系的一方，以借款、借用方式而实施的本质为受贿索贿等职务犯罪案件。相关案件中隐含着未来的民事索赔问题。

比如，在杨某索贿案件中，杨某向其司机亲属"借款"50 万元，进而构成索贿犯罪。其本质是通过"借款"这一法律并未禁止的法律手段，实施搜

刮财物等职务犯罪行为。

4.相关企业或个人在实施房地产开发、废物排放、堆放、存集过程中发生的涉及土地毁坏、环境损害、水源和空气污染等方面问题的刑事案件。

比如，某企业在沙漠中排放污染废物，造成沙漠大面积损坏，自然生态被严重破坏的刑事案件。此类案件中通常包含着大量的民事经济纠纷。

5.企业在经营过程中，股东间因经营或权利约定不明，造成权益纠纷等而引发的刑事案件。

职务侵占犯罪案件中往往包含着一定程度的民事纠纷。比如，在宋某某职务侵占案中，作为公司股东、法定代表人之一的宋某某，因为公司对其存在巨额欠款便在经营用款过程中私下处置钱款。其行为被其他股东认作职务侵占，后辩护人几经周旋，反复交涉，才使公安办案人员明确了公司曾经对其欠款 140 余万元的涉案事实。最后公安机关认真听取了辩护人的相关意见和建议，对宋某某取保候审，撤销了这起刑事案件。

6.科技合作开发过程中，因对科技成果和相关合作事项的约定不明，发生股权纠纷或财产损失而形成的合同诈骗或职务侵占等刑民交叉犯罪案件。

总之，刑民交叉案件的辩护工作面很广，上述各种形式的案件在实践中多有发生。工作中，遇有上述诸方面的案件需要代理时，作为辩护律师，我们都应当先从刑民交叉方面予以关注，针对案件的特点确定办案思路，并力争在辩护成效上取得突破。

三、刑民交叉案件辩护工作注意事项

实践中，我们代理刑民交叉案件，辩护的难点和焦点往往在接受辩护的当事人一方，其涉案民事行为是否同时构成刑事犯罪？应当承担什么样的刑民责任？对此，在辩护实践中，我们必须注意把握好以下几个方面。

1. 厘清所涉案件的法律本质，对确实不构成犯罪的犯罪嫌疑人、被告人，依法坚持无罪辩护

这些年来，在处理这类案件方面，"两高"的很多司法文件都有详细规定，要求办案机关坚持罪刑法定、疑罪从无，严格区分罪与非罪的界限，严禁以刑事手段插手经济纠纷，严禁将经济纠纷作为刑事犯罪处理，等等。

一方面，辩护工作要严格遵循认定犯罪行为的法定标准。以合同诈骗罪为例，"以非法占有为目的"是所有诈骗类犯罪的必要构成要件。民事欺诈案件虽有骗的行为，但不具有非法占有他人财物的主观目的，其主观目的多是为进行经营，并通过借款创造履约能力。而合同诈骗罪的主体主观上具有非法占有之目的。我们在办案中需要注意，这种主观目的的认定必须有客观证据予以支持。明确上述认知，我们就能够在辩护工作中实施定性问题的精准辩护。

另一方面，对于涉案本身罪与非罪存有明显争议的刑民交叉案件，一定要提出慎重入刑的辩护意见。

实践中，许多涉案法律行为在刑民之间并没有一条明确的边界，有的刑民交叉案件可能处于灰色地带，是否作为犯罪处理，需要对有关行为的社会危害程度作出实质性评价。

比如，笔者代理的文某某挪用公款案。作为原国有企业的职工，文某某在依法解除了和原单位的劳动关系后，又依照《全民所有制工业企业法》和国务院相关条例依法承包了原单位所属的另一家企业（系其原单位全资子公司，企业性质为全民所有制）。其中的企业承包经营合同明确约定：文某某对承包经营的企业，在确保经营收益的包死基数前提下，具有自主经营权，即文某某在包死上交基数效益的情况下，对企业自主经营、自负盈亏，独立承担民事责任。

在企业经营过程中，文某某通过银行确认的第三方担保机构和其相应的家庭财产担保，为承包企业贷款 2000 万元。为保证公司财产不受损失，文某某向担保公司提交保证金。后通过其个人控制的、多年来一直和所承包企业存在经营关系的公司，用于企业经营，但由于经营不善，不能按时归还贷款。放贷银行遂将文某某及其公司、担保公司及文某某妻子诉到法院，要求担保公司、文某某、文某某妻子三方及所承包公司对未还贷款承担连带还款责任。在该案判决尚在履行当中的时候，文某某的原单位（上级公司）知情后，以挪用公款罪将文某某举报，虽经笔者在两级法院依法坚持无罪辩护，文某某仍然被法院以挪用公款罪判处有期徒刑。目前该案仍在申诉过程中。

笔者认为，对于本案的获取贷款，文某某提供了真实担保，金融机构能通过担保实现债权，贷款通过诉讼程序能够被追回，未必会造成实际损失，文某某本身属于承包经营，已经不具有国家工作人员身份，不应当以挪用公款罪追究其相应行为。同时，根据刑法发展理论的谦抑性原则，能够以民事手段解决的问题没有必要对涉案人员轻易入刑，因此不应当作为犯罪处理。

2. 正确界定涉案当事人各方的法律责任问题

在刑民交叉案件中，犯罪行为是否影响民事责任的承担，刑事责任与民事责任之间如何区分、如何承担都是实践中颇具争议的问题。笔者认为，刑法为公法，民法为私法，刑事责任与民事责任是两种性质完全不同的法律责任，办理刑民交叉案件，不应当因为适用"公法"而侵害属于"私法"范畴的当事人的合法权益，而是应当依法充分保护当事人的合法权益。

实践中，辩护人在处理法律责任问题时，至少需要明确两个方面。一方面，刑民交叉案件有关犯罪行为被确认后，并不影响其民事责任的承担。《刑法》

第六十四条明确规定，犯罪分子违法所得的一切财物应当予以追缴或者责令退赔；对被害人的合法财产，应当及时返还。据此，有的民事责任问题可以通过刑事程序解决，但这种情况并非当事人的民事责任因追究刑事责任而免除。刑诉程序除了追赃、退赔及附带民事诉讼外，并不负有保护相关民事案件当事人民事权利的责任和义务，因此刑民交叉案件中相关行为构成犯罪，不影响对案件民事部分的违约责任、侵权责任以及不当得利等法律行为的评价和责任追究。

另一方面，刑民交叉案件有关行为构成犯罪的，可能影响案件有关民事行为的效力及民事责任的分配和承担。比如，行为人通过签订合同手段实施诈骗被依法定罪后，行为人以单位名义与合同相对人签订的合同的效力如何评价，也是辩护人应当认真考虑对待的问题。笔者认为，根据《民法典》相关规定，一方以欺诈手段使对方在违背真实意思的情况下订立的合同，受损害方有权请求人民法院或者仲裁机构变更或者撤销；对于构成表见代表、表见代理的，由单位承担合同责任；不构成表见代表、表见代理的，单位不承担责任。但是一方以欺诈手段订立合同，损害国家利益的，合同无效，单位疏于管理对被害人损失负有过错的，承担相应的民事赔偿责任。

3. 注重用多种手段和方式，尽最大努力维护犯罪嫌疑人、被告人的合法权益

办理刑民交叉案件应当坚持刑民双重视角，实体和程序并重，对案件依法妥善处理，争取委托人利益的最大化。近年来，在最高人民检察院的推动下，全国各地检察机关都在大张旗鼓地开展刑事合规办案活动。许多涉案案件均属于刑民交叉或者刑行交叉案件，如何对这些案件开展辩护工作，最高人民检察院已经或正在制定颁布许多相应的规范，这些都是我们代理类似案件的重要遵循。如此，刑民交叉案件的辩护工作一定会有新的天地和成效。比如，不久前最高人民检察院发布的四起刑事合规案例中，每起案件的刑事主体都构成了相应的刑事犯罪，但辩护人积极推动案件步入刑事合规程序，极大地减少了受害一方的经济和其他损失，同时也为被告人争取了不诉、缓刑等较好的结果，真正实现了被告人利益的最大化。

例如，2021 年 6 月，最高人民检察院发布四起企业合规改革试点典型案例。在上海市 A 公司、B 公司、关某某虚开增值税发票案（虚开价税合计 2887 余万元）中，关某某到案后如实供述相关犯罪事实并补缴涉案税款，且具有立功情节。经调查，涉案企业系我国某技术领域的领军企业、上海市高新技术企业，科技实力雄厚，对地方经济发展和增进就业有很大贡献。公司管理人员及员工学历普遍较高，对合规管理的接受度高、执行力强，企业合规具有可行性。检察机关遂督促企业作出合规承诺并开展合规建设。最终，法院决定对企业从宽处理，对关某某判处三年有期徒刑，缓期五年执行。

总之，刑民交叉案件是当前和今后刑辩工作中越来越常见的问题，我们必须紧跟司法实践和办案形势，前瞻具体案件的细节特征，熟知法律规定和办案规范，着眼于当事人的权益保护，尽最大努力提高辩护能力，增强辩护效果，实现公平正义。

五大要素浅说企业刑事合规问题 [①]

近些年，社会生活的多样化发展和需求使得企业的生产经营活动呈现出

---

① 参见谢鹏程主编：《合规不起诉研究》，中国检察出版社 2021 年版。

多领域和多样化的特点。如何依法依规开展企业生产经营，特别是补救企业因生产经营陷入刑事犯罪而造成的巨大损失，防止因"办理一起案件垮掉一个企业"，减少企业因罪而亡，逐渐成为企业发展和司法实践中不可回避的重要课题。与之相应，如何做好企业刑事合规业务，加强对企业的司法保护，已经现实地摆在企业和相关的司法机关面前。由此，具有中国特色的企业刑事合规业务应运而生。为此，2022 年 4 月，中华全国工商业联合会办公厅、最高人民检察院办公厅、司法部办公厅等九家单位联合下发了《涉案企业合规建设、评估和审查办法（试行）》（以下简称《合规审查办法通知》）。本书将围绕以下几个方面的要素，对企业刑事合规业务进行说明。

一、企业刑事合规的概念

所谓企业刑事合规，其实是对涉案企业"合规不起诉"或附条件不起诉的另一种说法，简单地说，是指对企业在生产经营活动中涉嫌犯罪行为后，企业本身具有合规意愿的，检察机关通过责令企业针对违法犯罪事实，制定专项整改计划，并监督计划实施，推进企业合规管理体系建设，待企业达到合规标准，然后视情况对企业作出相对不起诉决定的法律制度。这里我们可以看出，企业刑事合规，其含义应当包括以下几个方面的内容。

1. 刑事合规的对象

实施刑事合规的对象是涉嫌犯罪且罪行轻微的企业单位，而不是个人。实践中，所谓罪行轻微，是指可能判处三年以下有期徒刑的案件。其法律依据分别来源于《刑法》第三十七条："对于犯罪情节轻微不需要判处刑罚的，可以免予刑事处罚……"和《刑事诉讼法》第一百七十七条第二款："对于犯罪情节轻微，依照刑法规定不需要判处刑罚或者免除刑罚的，人民检察院可以作出不起诉决定。"

2. 涉嫌犯罪的企业单位要有合规意愿

企业刑事合规程序的启动，是涉嫌刑事犯罪的企业单位基于企业自身利益考虑而有主动开展刑事合规的意愿，并非企业之外的其他单位或个人强迫企业为之。

3. 检察机关主导

企业开展刑事合规业务过程，必须置于检察机关的主导之下，即是否同意企业适用刑事合规程序，什么时间开始，制定什么样的合规整改方案，选择什么样的合规监控人来监督企业的合规整改方案及过程，是否达到合规标准，这一系列的工作，其最终的主导方均是人民检察院或人民检察院的审查起诉部门。

4. 企业刑事合规的最终目的

企业刑事合规的最终目的是通过合规整改，达到对涉嫌犯罪的企业不再进行刑事起诉，以从根本上维护企业声誉，促进企业发展，防止企业损失灭失，从总体上维护国家的经济利益。

二、企业刑事合规的对象

企业刑事合规的对象，包括央企、国企及民营企业。

三、为什么要进行企业刑事合规

企业刑事合规和企业的涉嫌犯罪行为紧密相关。近年来，我国企业犯罪案件的总数呈现出较快增长的趋势。如果简单地采用《刑法》规定的对单位判处罚金，对个人判处有期徒刑的"双罚制"方式追究企业和相关人员的刑事责任，不仅不能从根本上阻却企业犯罪的发生，甚至有可能让更多的企业因涉罪而污名化，直到破产。

实践中，因为发生一起犯罪案件而毁掉整个企业的案例屡见不鲜。企业发展面临的这种形势，一方面倒逼立法机关从立法层面研究如何遏制和预防企业犯罪，另一方面则促使相关部门反思，如何将已经发生刑事犯罪的企业可能产生的损失降到最小，甚至通过采取一定的补救措施来挽回企业损失。企业刑事合规制度的出现，无论从理论上还是实践上，都为企业走出涉罪困境提供了一种思路和可能。

具体来说，企业因涉罪问题而开展刑事合规具有非常重要的意义。刑事合规可以为企业的发展提供法治保障。司法实践表明，以往那种企业单位犯罪后以罚金为主的刑罚措施，即使再严厉也很难产生最佳的威慑效果，并不能解决企业的犯罪问题。某种意义上，所谓的"威慑"只是一个陷阱而已。要让企业跳过这个"威慑陷阱"，必须转变思路，摒弃惩罚思维，实施激励功效。

结合国外实践，对企业通过合规整改，附条件不起诉的做法，恰恰适应了企业发展的这种激励需求。在司法机关主导下的企业刑事合规也为企业的这一做法提供了法治保障。最近几年，我国检察机关和相关企业，特别是大型民营企业所做的探讨，无论是以合规换取作出不起诉决定或暂缓起诉，还是以合规进行无罪抗辩，甚至将合规作为从轻、减轻、免除刑事处罚的情节，都是通过企业刑事合规让企业免予刑事追究，进而免予破产的有效尝试和法律保障。企业家正是从企业刑事合规的实践中深刻地体会到，只有合规才能鼓励、引导、帮助企业进行行业自律和自我监管，减少违法犯罪的成本损耗，重新获得免疫力，规避重大甚至毁灭性打击，从而让企业再获社会声誉，得到健康持久的发展。

四、合规整改方案的基本内容

企业在涉嫌刑事犯罪后，通过刑事合规的方式走出困境，提出一套行之有效的、符合《合规审查办法通知》的整改方案或合规计划必不可少。想要真正做到使企业出罪，减轻或免予处罚，合规整改方案必须具备以下基本内容。

1. 企业认罪认罚的态度及刑事和解的内容

所有企业的刑事合规行为都是建立在涉罪企业对所犯罪行认罪认罚，并做好刑事和解基础上的。企业只有认罪认罚，做好刑事和解，解除追究刑事责任的"后患"，才谈得上通过合规争取不受刑事追究。因此，在整改方案中必须包含企业认罪认罚的态度，且必须做好刑事和解。

2. 完备的刑事合规队伍和机制

企业刑事合规整改并非三言两语，一朝一夕，列几条规定就成，而是需要扎扎实实的人来做扎扎实实的具体工作。实践中，企业合规考察期通常为半年到一年。企业合规涉及产品生产、开发经营、人员管理，需要专门的队伍、专业人才参与，形成专门的纠偏机制。唯有如此，才能保证合规事项有人抓，有人管，真正得到落实。

3. 切实可行的刑事合规措施

实践中，企业单位犯罪涉及的内容很多，常见的如合同诈骗、非法吸收公众存款、生产销售假冒伪劣商品、虚开增值税专用发票，等等。无论企业合规整改方案对应的是哪一种或多种犯罪，都必须根据企业本身的特点、发生犯罪的原因、防范的机制等，制定出有针对性的措施。可以说，刑事合规措施在某种意义上是企业达到合规标准的关键，是整改内容的核心。因此，涉案单位必须把整改措施作为合规方案的重中之重制定好，落实好。

4. 常态化的监督报告体系

涉嫌刑事犯罪的企业单位，不会因为制定了一个整改方案，指定了整改人员和队伍就达到合规要求，最重要的是要把各项整改措施落到实处，实现整改目标。想要达到这样一个标准，关键是要有常态化、可执行的监督体系，要建立定期的督察报告制度，对发现的整改措施不落实等问题及时纠正，确保相关措施真正落到实处。刑事合规整改，不是企业一般的教育整顿，不是一般的问题整改，而是一旦进入程序就具有司法强制性属性的整改。因此，必须具有常态化的监督报告运行机制，持续对涉罪企业的合规整改落实进行跟踪、反馈、监督，保证合规方案真正落实。否则，等待企业的将是更为严厉的刑事处罚。

5. 与行政监管的有效衔接

应当说，所有企业单位的刑事犯罪，其源头都在最初的行政违法。因此，企业刑事合规的整改措施通常是行政监管和检察机关的司法管辖相融合。可以想象，一个企业如果连行政违法行为都不敢实施，何谈去触犯刑事法律。相反，只有一个无法有效阻止其实施行政不法行为的企业，才会对企业的违法乃至犯罪行为产生纵容甚至激励作用。基于这样一种认知，企业的合规整改方案必须与行政监管行为有效衔接。比如，涉及税务犯罪的，应当联系税务管理机关介入监管；涉及走私犯罪的，应当有海关部门加入到整改监督队伍中来；涉及洗钱犯罪的，那么银行监管机关在合规整改中的地位作用自然不可忽视。企业犯罪涉及其他相关部门的，如环保、证券、通信等，也是如此。

五、如何进行合规监管

如何选择有效的合规监管模式，是检察机关必须予以解决的重要课题。

目前，实践中，企业整改计划的合规监管主要有以下几种方式。

1. 由检察机关主导的监管

由检察机关与符合适用合规条件的企业签订刑事合规监管协议，后者制定有效的合规计划，并同意接受检察机关的监管。执行中，检察机关除业务部门办案人员外，应设立刑事合规专员，全程参与对企业的监管，承办对案件的审查、协议签订和监管考察等各项工作。监管协议内容应当包括企业承担配合案件调查及合规调查义务，企业承担被害人赔偿、缴纳罚款等补救性义务，企业定期向检察机关报告合规计划执行进度，协议考察期限以及履约或违约法律后果等。其中，根据合规监管协议内容，企业应当指派高管或聘请律师等专业人员，组成合规监管小组，制定和改进监督合规计划。检察机关也可以根据具体情况，直接聘请具有合规经验的律师、审计、会计、税务等专业外部监管人员，制定企业合规计划，并监督合规计划的执行。

2. 独立的第三方监控人模式

在这种模式中，检察机关与司法行政机关经过协商共同确定外部监控人，以供涉案企业从中聘请独立监控人。这些独立监控人一般由律师事务所、会计师事务所、税务师事务所等外部机构兼任。独立监控人确定之后，与涉案企业签订独立监控协议，明确监控权限、职责范围、履职方式、聘期、费用、权利义务及违约责任。独立监控人的一项重要职责是根据企业的历史和现状出具刑事合规报告，为检察机关是否作出附条件不起诉提供依据。同时，要协助涉案企业提出有效的书面合规计划，并协助检察机关对涉案企业进行监督考察，定期督促合规计划落实并向检察机关作出报告。

3. 行政部门监管模式

检察机关在审查起诉过程中，对于符合适用合规考察条件的企业，委托政府行政部门担任考察机关，对企业实施合规计划的情况进行监督考察。根据这一模式，检察机关可以委托政府行政主管部门，或者企业所在街道、乡镇政府部门担任考察机关，企业出具接受合规考察的承诺书。考察机关可以督促企业切实有效地实施合规计划，聘请律师参与合规计划，对企业提交的实施计划报告进行分析。考察期限届满，考察机关出具的涉案企业合规考察评估报告，以及是否提起公诉的建议，最终作为检察机关是否决定提起公诉的重要参考。

需要特别说明的是，无论采用哪一种监管方式，都应当符合《合规审查办法通知》的相关要求。

六、企业刑事合规的法律后果

企业刑事合规，其本质是对涉罪企业附条件不起诉，秉承的是认罪认罚从宽制度及协商性司法理念，是我国刑事诉讼制度重大而深刻的变革。其最终的法律后果，是企业通过落实刑事合规计划，做好赔偿，缴纳罚款，完善制度，堵塞漏洞，防止再犯，达到检察机关规定并认可的合规标准，检察机关对企业的涉罪行为不再提起公诉，从而防止企业因罪而亡。

这种法律后果，通常通过以下几个方面来体现。一是企业承认违法犯罪事实，认罪认罚。二是企业愿意缴纳罚款，赔偿被害人的损失并给予补偿。三是有刑事合规意愿，并愿意全面履行合规计划。四是接受人民检察院的合规指导和第三方的监管监督。五是定期适时汇报合规整改情况。六是达到刑事合规标准。七是自愿和检察机关签署刑事合规协议并全面遵守。八是由检察机关对涉罪企业附条件不起诉。

职务犯罪案件的辩护切入点

随着我国立法、司法等法治建设形势的不断完善和发展，特别是《刑法》《刑事诉讼法》的修改，《监察法》的制定施行，对国家公职人员的管理制约日益被纳入法治化、系统化、规范化轨道。尽管如此，在新的法律环境下，基于多种原因，国家公职人员职务犯罪现象依然存在，甚至在有的系统和行业内，职务犯罪的问题仍然比较突出。相应地，作为与上述职务犯罪行为相对应的刑辩工作也日益突出地显现在广大刑辩律师面前。如何围绕新的法律环境，有针对性地做好公职人员职务犯罪的辩护工作，是所有刑辩律师都需要认真思考的问题。

一、准确界定《刑法》意义上"公职人员"的范围

实践中，涉及公职人员犯罪问题常常会出现这样几个外延由大到小的概念，国家公职人员、国家工作人员、国家机关工作人员。真正明确把"国家公职人员"以法律概念定义，并将其与刑事犯罪及刑辩工作相关联的，是2018年3月全国人大审议通过的《监察法》。该法基于对公权力监督管理全覆盖的目的，在第一条就开宗明义地指出："……加强对所有行使公权力的公职人员的监督，实现国家监察全面覆盖……"在此基础上，该法第十五条规定："监察机关对下列公职人员和有关人员进行监察：（一）中国共产党机关、人民代表大会及其常务委员会机关、人民政府、监察委员会、人民法院、人民检察院、中国人民政治协商会议各级委员会机关、民主党派机关和工商业

联合会机关的公务员，以及参照《中华人民共和国公务员法》管理的人员；
（二）法律、法规授权或者受国家机关依法委托管理公共事务的组织中从事公
务的人员；（三）国有企业管理人员；（四）公办的教育、科研、文化、医疗卫生、
体育等单位中从事管理的人员；（五）基层群众性自治组织中从事管理的人员；
（六）其他依法履行公职的人员。"进一步明确了属于国家监察范围的国家公
职人员对象。基于此，所有行使公共职权、履行公共职责的公职人员都成了
监察机关管理、监督、审查、调查的对象。显然，其中包括国家工作人员和
国家机关工作人员，他们毫无疑问地在从事公务活动，具有管理国家事务或
代表国家参与管理国家事务的行为。从这一意义上看，《监察法》涵盖的受其
监察管辖的国家公职人员的范围，已经超出了我国《刑法》以往相关职务犯
罪行为所对应的"国家工作人员"的范畴。特别是其中的第（六）项，作为
兜底条款，是为了防止对监察对象的范围列举不全面而设置，更是涵盖了所
有公职人员的范围。

实际上，无论是《刑法》第九十三条，还是《最高人民法院关于印发〈全
国法院审理经济犯罪案件工作座谈会纪要〉的通知》，抑或相关的其他司法解
释，都明确指明《刑法》管辖范围内的公职人员，是指国家工作人员或国家
机关工作人员，即在国家机关中从事公务的人员。国有公司、企业、事业单位、
人民团体中从事公务的人员和国家机关、国有公司、企业、事业单位委派到
非国有公司、企业、事业单位、社会团体从事公务的人员，以及其他依照法
律从事公务的人员，以国家工作人员论。

例如，根据 2010 年发布的《最高人民法院、最高人民检察院关于办理国
家出资企业中职务犯罪案件具体应用法律若干问题的意见》，在国有控股、参
股企业中的"国家工作人员"，其范围包括，一是受国家机关、国有公司、企业、
事业单位等国有单位委派从事公务的人员，二是在经国家出资的企业中负有
管理、监督国有资产职责的组织批准或者研究决定，代表其在国有控股、参

股公司及其分支机构中从事组织、领导、监督、经营、管理工作的人员。即便如此，对于《监察法》与《刑法》意义上的"从事公务"如何界定，以及相关刑事司法解释中"经国家出资企业中负有管理、监督国有资产职责的组织"如何认定，实践中，各办案主体的理解也有差别。

这些情况，给公职人员犯罪的辩护实践提出了一个问题，即从依法维护犯罪嫌疑人、被告人的合法权益出发，如何准确界定辩护对象是否在案件中具有"公职人员"身份，是否在依法从事公务？

笔者认为，在具体辩护工作中，针对不同案件的情况，如何确认《刑法》意义上的公职人员身份，辩护人应当注意把握以下两个方面。

第一个方面，弄清犯罪嫌疑人、被告人涉案"公权力"的来源。不难理解，凡是被监察机关调查的人员，或者被移送检察机关审查起诉的辩护对象，无论是确切的国家机关工作人员，还是相关国有企业或其出资企业中的相关管理人员，其身上一定会多少带有一些"公职"人员的色彩。但其在所涉案件中，是否具有可以定罪判刑的、《刑法》意义上的国家公职人员身份，则不能以其是否具有所谓的公职人员身份这一点来加以认定。

面临罪与非罪、刑罚与非刑罚之界点，确定是否行使公权力，一个重要的标准就是看涉案公权力的来源。笔者认为，在实际工作中，抛开国家机关工作人员不说，在国有企业、事业单位任职，包括在国有企业控股、参股的企业任职的人员，作为涉案辩护对象，其公权力来源各不相同。这当中，那些按照法律程序依法任命，或者由上级主管部门指派、委派、委托就职，直接对涉案国有企业或国有控股、参股企业实施组织、领导、监督、经营、管理的人员，因其一般是经过党委提名、推荐、任命、批准等方式产生，其公权力内容属于在"国家出资企业中行使管理、监督国有资产"。这些对象，可以毫无疑问地作为《刑法》意义上的国家公职人员来加以认定和追究。相反，在那些含有国家出资成分的企业当中，有的分别依相关企业法律法规设立了股东大会、董事会、监事会（企业"三会机构"），分别作为公司的权力机构、经营决策机构、监督机构。这些机构的主要职责是促进公司所有资产保值增值，在代表国有资产利益的同时，在国有控股企业中，同时也代表着非国有资产的利益。笔者认为这样的"三会机构"不应当被认定为"国家出资企业中负有管理监督国有资产职责的组织"。进一步说，由其选举或推举出的负有管理公司权力职能的人员，因其权力来源于"非公"领导机构或上级机关、主管单位或部门，管理的事务并非完全属于国家和社会公共事务，且不是通过委派或任命产生的，显然不应当被认定为《刑法》意义上的国家公职人员。

第二个方面，对全民所有制企业聘用或承包经营的社会人员，其公职人员身份尤其应当慎重认定。从法律角度讲，所谓从事公务，指代表国家机关、国有公司、企业、事业单位、人民团体等履行组织、领导、监督、管理等职责。这一概念不仅适用于国家机关，以及全民所有的企业、事业单位及人民团体，也适用于国家出资、控股、参股的企业。但相对于任命、指派、委托等方式，上述经聘用或依照承包经营合同而进入企业行使管理职能的人员，由于其根本不具有国家公职人员的编制，其对相应企业的管理权限是基于企业、事业单位的聘任，或者基于一纸承包协议。因此，其人身关系基础、享受待遇来源、对企业资产的运营方式，均以聘任责任书或承包协议为基础，其经营企业的行为，包括运营企业资产方式，与任命或委派人员的方式明显不同。也就是说，他们不是代表国家在管理公务。对这样的涉案人员进行身份界定，如果机械地以经营管理国有资产来下结论，显然与其权力来源的法律规范相冲突，也有失法律的公平之魂，一般应当慎重对待。

在吴某被判非国家工作人员受贿罪一案中，被告人吴某于 2008 年 3 月 28 日被任命为某农业银行江崖支行副行长。2010 年 3 月，俞某、黄某通过吴某向其负责的江崖支行提出贷款2000万元，并承诺事后会对吴某表示"感谢"。由于贷款项目不符合条件，俞某、黄某在吴某授意下，注册成立了一个新商贸公司，并以商贸公司名义贷款。此后，吴某利用职务上的便利，不仅自己撰写了商贸公司的调查报告，在相关的贷款文件上签名，还示意下属人员对该项贷款业务予以关照。9月，商贸公司成功在江崖支行贷款1000万元。10月，吴某收受贷款好处费12万元。

对本案，公诉机关以受贿罪对吴某提起公诉。法院在审理中查明，2009年1月，某银行由国有独资企业改制为股份有限公司，江崖支行是其下属支行。被告人吴某的犯罪行为发生在2010年10月，彼时银行已经完成改制。作为受聘银行江崖支行的负责人，吴某在企业贷款中不承担调查研究、审查之责，也并非受国家机关、国有公司、企业、事业单位委派从事公务的人员。最终，法院以非国家工作人员受贿罪，对吴某判处有期徒刑五年。

法院判决的重要依据有二。一是《最高人民法院关于印发〈全国法院审理经济犯罪案件工作座谈会纪要〉的通知》中明确，国有公司、企业改制为股份有限公司后，原国有公司、企业的工作人员和股份有限公司新任命的人员中，除代表国有投资主体行使监督、管理职权的人外，不以国家工作人员论。二是《最高人民法院关于在国有资本控股、参股的股份有限公司中从事管理工作的人员利用职务便利非法占有本公司财物如何定罪问题的批复》中规定，在国有资本控股、参股的股份有限公司中从事管理工作的人员，除受国家机关、国有公司、企业、事业单位委派从事公务的以外，不属于国家工作人员。

在实际工作中，辩护人要注意积极研学并参照上述案例和相关法律文件，进一步提高对国家公职人员身份界定的精准度，从而提出更加符合案件实际且切实有效的辩护意见。

二、确保各种问题证据不被法庭所采纳

司法实践中，对任何人定罪量刑必须达到证据确实充分，足以认定的法定标准。那么，什么是证据确实充分，足以认定？《刑事诉讼法》第五十五条作出了明确规定：一是定罪量刑的事实都有证据证明，二是据以定案的证据均经法定程序查证属实，三是综合全案证据，对所认定事实已排除合理怀疑。

对国家公职人员的职务犯罪而言，虽然前期监察机关的调查工作代替了过去检察机关反贪部门的侦查工作，但对案件证据的要求还是依据这一证据标准。《最高人民法院关于适用〈中华人民共和国刑事诉讼法〉的解释》第七十六条规定："监察机关依法收集的证据材料，在刑事诉讼中可以作为证据使用……"对这些证据的审查判断，适用刑事审判关于证据的要求和标准。对公职人员的职务犯罪实施辩护，辩护人要注意从以下几个方面切入，对证据严格审查判断，严格开展质证辩论。

1. 看证据来源是否合法

2018年3月《监察法》颁布实施；同年10月，《刑事诉讼法》进行了第三次修正。立法上的这两个变化，为公职人员职务犯罪辩护工作带来的一个重要变化，就是辩护人在案件审查起诉之前的会见权缩紧。在国家公职人员的职务犯罪全部纳入监察机关管辖之前，在相应的职务犯罪中，辩护人的会见只有在涉案金额在50万元以上的重大贿赂案件中受到限制，在其他公职人员的职务犯罪案件中，辩护人依法可以会见且不受限制。这一情况，客观上增加了辩护人第一时间掌握案件情况，以及前期对相关证据分析判断的难度。因此，从进入审查起诉阶段开始，辩护人在认真阅卷的同时，一定要切实强

化对有罪证据的审查判断，特别要注意从证据的来源上进行审查判断。

无论是《监察法》还是《刑事诉讼法》，都规定严禁刑讯逼供和以其他威胁、引诱、欺骗、体罚或者变相体罚的方式收集证据，以此获得的证据不能作为定罪的证据予以使用。《监察法》第四十条第二款、第四十二条第一款还分别规定，严禁侮辱、打骂、虐待、体罚或者变相体罚被调查人和涉案人员；调查人员应当严格执行调查方案，不得随意扩大调查范围、变更调查对象和事项。这些法律规定是辩护人依法审查判断证据的强大法律工具。在工作中，当辩护人发现相关证据存在上述问题线索时，一定要依法行使辩护权，敢于申请启动非法证据排除程序，敢于针对证据违法嫌疑提出否定性质证意见，直至依据证据情况敢于提出疑罪从无的辩护意见。

2. 看证据是否符合客观实际

真实性是一切证据赖以存在的基础，是证据的本质和灵魂。没有了客观真实性，证据也就失去了存在的价值。公职人员职务犯罪案件，特别是贿赂方面的案件，言词证据常常是最重要、最关键的证据。与此同时，因为种种原因，言词证据的真实性也是在实践中饱受辩护人诟病。如何衡量这些证据的真伪，笔者认为，要看其是否符合常理，是否具有客观性和现实可能性，这些都是辩护中重要的参考因素。

3. 看证据是否符合生活逻辑，有无现实可能

我们常讲，事物的发生要符合生活逻辑，要符合正常的生活常理和社会公理。把这些观念推及职务犯罪的辩护工作中，就要求辩护人在对相关证据进行审查判断时，在逻辑上要更加严谨周密，要经得起时间的检验和实践的推敲。如果相关有罪证据不符合生活逻辑，违反正常的社会公理、生活常理，其证明力也必然存疑。

三、对有利辩护证据和情节展开充分论证，全力实现有效辩护

辩护人的职责，是根据事实和法律提出犯罪嫌疑人、被告人无罪、罪轻，或者减轻、免除其刑事责任的材料和意见，维护其诉讼权利和其他合法权益。基于此，辩护人在实际工作中，必须及时抓住并牢牢把握涉案证据材料中对犯罪嫌疑人、被告人有利的情节，进行充分论证，以保证相关无罪、罪轻或免除刑罚的情节得以确认。

具体到职务犯罪案件，就绝大多数涉案公职人员而言，一旦被列为巡视、督察对象，或者被采取留置等监察办案措施，其平日较强的心理防线往往一触即溃。当然，在实际生活中，畏罪自杀者终归是极少数。多数涉案人员在归案前后能够明辨是非，主动交代问题，有的甚至携款投案，积极揭发检举其他人员的违法犯罪行为。对这样的职务犯罪案件的嫌疑人、被告人，辩护人一定要及时跟踪掌握相关罪轻的证据和材料，充分围绕坦白、自首、立功以及退赔赃款赃物、认罪认罚等情节，为犯罪嫌疑人、被告人最大限度地争取从轻减轻处罚的机会。

在笔者办理的陈某某贪污一案中，从案卷情况看，陈某某贪污公款近700万元，事实清楚，证据确实充分，没有多少辩护空间。在辩护人会见过程中，陈某某在陈述退赃过程时讲到自己在巡视组到来后，因为害怕受到打击处理，曾经三次主动找巡视组试图说明情况，但均因巡视组工作安排紧张未能实现。因此，陈某某只好主动找到本单位一名纪检干部交代了自己有贪污问题，并主动向本单位纪检部门退缴赃款近400万元。然而，这一明显的自首情节，在公诉机关的起诉书中并没有得到确认。得知这一情况，笔者立即找到当初经手办理退款的纪检干部，向

其依法询问，收集证据，并及时将证据提交给审判人员。开庭中，笔者依法力辩这一自首情节。最终，法院采纳了辩护人的自首辩护意见，对陈某某减轻处罚，仅判处其有期徒刑六年。

需要说明的是，有一些职务犯罪案件，特别是渎职类犯罪案件，在实践当中，因为种种原因，可能会存在对官员既往的涉案行为，包括对已退休人员过去的职务涉案行为进行追究的现象。对这些案件，一定要从涉案官员案发时是否严格依法履行职责这一关键环节出发，依照定罪标准进行衡量。对案发当时已经尽职尽责的公职人员，辩护人一定要依法全力行使辩护权，最大限度地保护涉案犯罪嫌疑人、被告人的合法权益。

我们必须明确，渎职罪，特别是玩忽职守罪、滥用职权罪，从辩护人的角度出发，一定要紧扣当事人是否对案发后果负有直接责任和主要领导责任，本人是否为直接责任人，是否为直接负责的主管人员或分管领导。一定要查清案件后果和当事人的失职、滥权行为是否存在直接的、法律上的因果关系。对于当事人已经按照法律规定和职责分工，尽心尽力履职的，要敢于提出无罪的辩护意见。这样的辩护，即使基于客观形势或其他原因作出的是有罪判决，辩护人的辩护意见也会在量刑时产生从轻影响。

寻常案件的非常辩护之道

2018 年年底，最高人民法院、司法部联合发文，强调刑事案件进入法院审理阶段后，必须保证所有被告人获得律师为其提供辩护的权利，这一做法被业界称为刑事辩护工作全覆盖。这是我国刑事诉讼制度中，对刑事案件被

告人合法权益予以充分保护的重要强制性举措，对于维护法律的尊严和正确
实施，具有十分重要的意义。与这一重要举措相适应，作为刑事诉讼重要参
与人的辩护律师，由此面临更加繁重的刑辩任务，办案形势对刑辩工作的效
能和水平也提出了更高要求。

在司法实践中，绝大多数刑辩律师代理的都是日常生活中发生的普普通
通的刑事案件。这些看似平平常常，并无波澜起伏的刑事案件，通常以涉案
过程简单、事实比较清楚的盗窃、诈骗、抢劫、交通肇事、故意伤害等所谓"小
案子"为主，涉财犯罪的数额一般相对较小，有的被告人还适用了认罪认罚
程序。个别被告人及其家属，甚至不愿为此破费聘请律师辩护，而是指望法
律援助律师担任辩护人。

工作中，在代理这样的刑事案件时，有的辩护律师只是千篇一律地例行
会见，再写上一两页纸的辩护意见，提供一些不痛不痒的辩护词，开庭走个
过场便案结事了，这些人并没有发挥出一名辩护律师应有的辩护水平。其结
果是，寻常案件—通常辩护—走个程序—没有效果，从而使辩护工作背离了
刑辩工作应有的初衷，失去了刑辩工作的意义。

其实，这些看似寻常的普通刑事案件，每一起都有其各自不同的特点。
从辩护的角度说，只要以高度负责的精神认真阅卷，深入审视案情，每起案
件都可能有着独到的可"辩"之处。也就是说，寻常案件往往也有其非常的
辩护之道，也可能通过正确的辩护思路和做法，收到意想不到的辩护效果。

一、敏锐观察思考，在众多的不利证据中发现有利证据线索

就普通刑事案件而言，从立案侦查到检察机关审查起诉并交付审判，无
一例外地经过了侦查部门、审查起诉部门的严格审查。从司法实践看，在经
过上述程序后，绝大多数案件的证据均为有罪证据。在众多的在案证据中，

除少数案件具有自首、立功、从犯、未成年人涉案等有利于被告人从轻、减轻或免除处罚的证据外，其他证据通常都是用来证明被告人有罪、罪重的"不利"证据，这是众多普通刑事案件的基本特点。虽然如此，但只要我们精心审阅全案卷宗，敏锐剖析案情，仍然有可能在不经意间发现案件中对辩护工作有利的证据线索，进而掀开证据端倪，推动辩护工作有效开展。

笔者曾办理王某非法拘禁一案，从初步的案件事实看，这是一起非常普通、简单的刑事案件。王某系甲公司的法定代表人，在开展公司业务中结识了乙公司的李某。2014年4月，李某以公司资金紧张，需要扩大产能为由，向王某融资2600万元。为此，李某还带上王某到乙公司进行参观，并介绍了企业的生产情况。此后，基于对李某和其企业的信任，王某向其出借资金2600万元，双方签署了借款协议，约定了借贷利率和还款期限，资金全部到位。

一年后，李某不仅没有如期偿还约定的利息，本金更是分文未还。虽然王某多次到其家中和单位讨要，但李某均以各种借口推托，始终一分钱不还。2015年4月的某天下午，李某如约来到王某所在公司的15层办公室，双方继续围绕如何还款进行商议沟通。双方你来我往，历经数小时后，还是谈不拢。无奈，王某只好安排一名工作人员陪李某在公司15层留宿，同时继续向其索要欠款。第二天中午，李某通过亲朋好友筹措款项约300万元，随即转入王某公司账户。当日下午，王某安排工作人员在公司办公室继续向李某讨要其余欠款，并适当安排其食宿和休息。下午4时30分，正在外面处理业务的王某接到公司电话，得知李某刚刚从其公司15层办公室隔壁阳台坠楼身亡。至此，王某因涉嫌非法拘禁罪被逮捕归案。历时近一年时间，案件经侦查、审查、起诉，交付法院审判。

接受委托后，笔者及时会见被告人，在第一时间听取了被告人王某的陈述。后来，笔者通过阅卷，对全案有了更加全面的认识。初步看，王某安排公司员工非法将李某限制在办公室长达一天一夜，讨要债务，在一定程度上剥夺了李某的人身自由，甚至最终出现了李某坠楼死亡的严重后果。这是一起典型的非法拘禁案，且可能存在从重处罚的情节。如果死亡后果确与非法拘禁行为有因果关系，王某将面临十年以上的刑罚。

在工作中，笔者除认真听取被告人的陈述，还通过阅卷、听取相关人员介绍等方式，了解了案件的其他一些情况。比如，王某讲到，当初李某带领其参观公司生产一幕，是李某事先有组织安排的作假行为，其实那家公司早已资不抵债，无法正常经营，负债上亿元。李某从王某公司借来款项后，一分钱都没有用于经营，而是立即拿出巨款购买了受益人为其父母、妻儿等人的人身意外伤害保险；王某亲属讲到，李某坠楼身亡后，其家人持保险单在某法院起诉，要求保险公司支付保险赔偿金，法院已经作出判决；等等。

毫无疑问，在这起案件中，王某及其安排的陪同工作人员已经构成犯罪。本案的焦点在于，李某坠楼是否和王某及其工作人员的讨债行为有直接的因果关系。坠楼和讨债行为有无因果关系直接关系到王某最后量刑的轻重。而确认这一事实，前面相关民事判决认定的保险理赔事实具有重要的参考作用。基于这一认知，笔者通过中国裁判文书网下载了此案涉保险部分的民事判决，又经多方努力，收集了保险公司卷内的保险勘查笔录。

经过全面分析该勘查笔录，笔者从中发现，第一，李某并非在王某公司15层的办公室坠落，而是从其隔壁公司的阳台坠落。第二，王某隔壁公司人员可以证明李某在其公司阳台坠落前双手攀扶，两腿有蹬踏动作，且阳台外侧留有其鞋底产生的多处划痕，说明其有自救行为，可排除跳楼自杀可能。第三，事发当时，李某所在的王某办公室没有他人，屋门敞开，李某可以自由进出办公区。第四，李某是从王某办公室阳台攀爬至隔壁阳台。

在掌握了上述四个方面的情况后，笔者在将上述民事判决及现场勘查笔录提交法庭的同时，庭审过程中又紧紧围绕事发时屋内无人，李某可以自由活动，可以走入楼道，自行离开办公室，不存在必须攀爬至其他办公室的理由；李某坠楼地点并非王某的15层办公室，而是隔壁阳台，且其在阳台上有自救行为；没有证据证明王某指派的工作人员对其实施了暴力胁迫行为；等等，多方面反复论证、特别强调李某坠楼而亡和王某等人的非法拘禁行为没有直接的、必然的因果关系，进而强调对王某不能以非法拘禁致人死亡作为依据而对其判处十年以上有期徒刑。最终，法院采纳了笔者的辩护意见，王某被判处两年零六个月有期徒刑的较轻刑罚。

回想这起案件，如果不深入研究案情，没有敏锐的辩护触角，笔者就不可能在王某亲属提供的茫茫线索中发现本案所涉的保险理赔案件，更不可能主动收集涉案保险勘查笔录，从而为做好辩护工作提供有力支撑。

二、敢于较真求实，大胆澄清和破解问题证据的相关疑问

实践中，有些案件看上去事实清楚，证据确凿，辩护工作似乎并无着手之处，但经过会见、阅卷，特别是反复考量事实证据，我们仍能发现有些定罪证据存在疑点和问题。在看似寻常的案件当中，很可能存在用来支持辩护工作的非常之处和有利线索。

例如，在马某某敲诈勒索一案中，公诉机关指控马某某在担任某汽车租赁公司负责人期间，于某年9月参与对客户的敲诈勒索。具体案情是，在该客户不能按时偿还对该公司的相关贷款时，公司依照协议扣押其抵押车辆。在公司相关人员依照协议开走该客户的抵押车辆时，马某某向公司人员提供了该客户的车钥匙。

该案中，且不说相关人员扣押欠款客户车辆的行为是否构成敲诈勒索罪，单就马某某提供钥匙行为本身，也有值得商榷之处。笔者经阅卷及进一步会见发现，在案证据线索表明，马某某早在同年7月9日就已经离开案发城市，后并未返回。马某某多次供述，其与涉案的客户素不相识，更谈不上为公司人员提供车钥匙，相关证据存在严重矛盾。而公诉机关据以对马某某提起诉讼的唯一证据，就是该客户有一次陈述，说马某某向扣车人员提供了车钥匙。在案的其他公司人员中，没有人证实这一情节，案卷中也没有能够证明案发时马某某在案发现场的相关证据。

在法庭辩论过程中，笔者紧紧抓住上述相关证据的疑点，从公诉机关的举证责任讲到案件本身在证明马某某这一涉罪情节方面证据严重不足，进而为马某某提出了无罪辩护的相关意见，取得了良好的法庭辩论效果。

三、尽心竭力履职，在法律适用上寻求有利创新和突破

在辩护工作中，辩护人常常会遇到一些案件，事实证据无可挑剔，被告人构成犯罪已经是板上钉钉，辩护工作似乎无可作为。面对这种众多而又平常普通的刑事案件，尽管看上去辩护人几乎肯定无所作为，但从辩护工作的执业理念出发，辩护人仍然应当多方寻找突破口，力争在取得辩护成效上有所突破。尤其在事实证据方面，辩护没有出路后，可以尝试在适用法律上寻求辩点，以求突破。笔者认为，所有能够依法让被告人得以从轻、减轻、免

除刑罚的辩护，都是有用、有效的辩护。

在某地发生的一起交通肇事案中，被告人王某深夜酒后驾车，在暴雨中将骑自行车闯入机动车道行驶的 A 某撞飞致死。肇事后，王某驾车潜逃。此后，在公安机关破案之前，王某又找来张某，向张某详细讲述了案发的整个经过，并提出让张某顶罪，先去自首，然后王某再想办法将张某从看守所"捞"出来。张某自首后，无法详细讲述案件情况，两个月后顶罪一事败露，王某遂被羁拿归案。这是一起事实证据都非常清楚的交通肇事案件。王某因交通肇事逃逸和妨碍作证，面临两项罪名的指控，数罪并罚后可能要面临较重的刑罚。

这样的案件，如果辩护人一时懈怠，仅仅提出被告人认罪态度好、积极退赔、坦白、初犯、偶犯，建议法庭从轻处罚等一般性辩护意见，在法庭上将辩护词一念，完全可以交差，这也是绝大多数辩护人的惯常做法。而笔者在接受委托后，主要从以下两个方面展开辩护工作。

一方面，全面透视案件，选好辩护切入点。作为一起在当地已经引起媒体关注的交通肇事逃逸案件，要想取得理想的辩护效果，被告人是否真诚认罪悔罪、被害人一方能否对肇事者给予谅解宽容是非常重要的。基于这一认识，笔者在征得委托人同意的情况下，始终把做好民事赔偿工作作为本案刑辩工作的切入点，通过让被害人满意的民事赔偿体现被告人的真诚悔罪，促成被害人一方对被告人作出谅解，出具谅解协议书，从而为辩护工作打下了一个好的基础。

另一方面，认真钻研涉案相关法理精神和法律规定。对本案来说，从接受委托开始，笔者就面临着在法律上有争议的两个问题：一是案发后王某驾车驶离现场的行为，是否属于《刑法》规定的交通肇事后逃逸，要处以三年以上的有期徒刑；二是王某涉嫌妨害作证罪，面临数罪并罚，对其还能否适用缓刑。

经过认真分析案情，研习法理，笔者认为，在本案中，被告人王某构成交通肇事罪，是因为根据交通事故责任认定书，其在交通事故中负主要责任，被害人一方负次要责任。而认定被告人王某负主要责任的依据是其在事发后逃离了现场，出现了因逃逸致人死亡的严重后果。

换句话说，如果被告人王某在案发后不离开现场，也可能不会负主要责任，甚至可能不会构成交通肇事罪。被害人一方违规闯入非机动车禁行区域，在其没有通行权利的车道强行通过，侵犯被告人王某的正常通行权利，这是本次事故发生的重要原因之一。既然逃逸已经作为认定交通肇事罪的条件，就不能再把它作为量刑情节而重复评价。所以，从这一意义上讲，对被告人王某的交通肇事犯罪行为应当依法在三年以下量刑。为明确数罪并罚能否适用缓刑问题，笔者翻阅了大量刑法学书籍和相关司法解释，仔细研读了其中关于缓刑理论阐释的法律规定。其中，多位权威专家的著述及最高人民检察院的有关文件都认为，判处缓刑的前提条件不是看其涉嫌几个罪名，只要数罪并罚后，合并执行的刑罚符合缓刑的适用条件就可以对被告人适用缓刑，而适用缓刑与否最关键的条件是看其被处缓刑后是否具有危害社会的可能性。只要综合分析判断被告人不至于再危害社会，就可以适用缓刑。至此，笔者在法庭辩论中大胆地提出了对被告人王某适用缓刑的辩护意见。

最终，合议庭经过认真审理，慎重合议，采纳了笔者提出的全部辩护意见。判决结果为对王某所犯交通肇事罪，依照1997年修改的《刑法》第一百三十三条、《最高人民法院关于审理交通肇事刑事案件具体应用法律若干问题的解释》第二条第一款第（一）项，判处有期徒刑三年；对王某所犯妨害作证罪，依照1997年修改的《刑法》第六十九条、第七十二条第一款、第七十三条第二款及第三款、第三百零七条第一款之规定，判处有期徒刑一年。数罪并罚，决定执行有期徒刑三年，缓刑四年。

一起看上去本来无处可"辩"的普通刑事案件，经过笔者的不懈努力，最终取得了理想的辩护效果。

四、着眼辩护效果，在认罪认罚、退赃退赔、获得谅解等从轻、减轻情节上争取辩护先机

事实上，我们在工作中面临的绝大多数普通刑事案件，案件事实证据均无可争议，被告人本人也已经表示认罪认罚。在许多办案人员或者当事人眼中，这样的案子请不请律师辩护似乎两可，无非是走个过场。面对这样的案件，辩护人是无所作为，放任自流，还是积极寻找辩护点，力争通过自己的辩护，使被告人获得较轻的刑罚，是我们许多律师，特别是年轻律师时常面临的选择。笔者认为，作为一名合格的辩护律师，决不应当放弃任何一丝为被告人争取从轻、减轻处罚的机会。这是律师基本的职业操守使然。

在鲁某诈骗一案中，被告人鲁某通过微信聊天以恋爱为名赢得被害人信任，交往中继而又以生意缺钱为由骗取其钱财。2020年12月，鲁某被公诉机关交付法院审判，涉案诈骗金额近6万元。案件虽然涉及金额不大，但因为被告人骗人情节恶劣，被害人身心受到重创，在前期侦查、审查起诉阶段，一直对鲁某心存怨恨，并表示对其绝不谅解，甚至提出了超过涉案数额15万元的经济补偿要求。从辩护角度说，被告人虽然签署了认罪认罚具结书，但如果没有得到被害人的谅解，检察机关也无法提出三年以下的量刑建议，被告人必然面临三年以上有期徒刑的处罚，更不存在判处缓刑的可能。

针对这一情况，在办案人员如数将涉案款项返还被害人后，笔者积

极征得检察机关对辩护工作的支持，又通过努力，争取让检察机关协助辩护人做好被害人沟通工作。在被害人同意和笔者就签署谅解书一事见面沟通后，笔者主动约谈被害人，对被害人表示出极大的理解和同情，并真诚地代表被告人及其亲属向被害人表示诚挚的歉意，以真情实感打动被害人。在被害人情绪平复并表示可以就谅解事宜进一步商谈沟通后，笔者主动表示，愿意代表被告人一方及其亲属，在原先已经返还被害人经济损失的基础上再向被害人支付一笔经济补偿，同时恳请被害人能够基于被告人家中老人患病无人照料，孩子尚小，生活困难等诸多因素，特别是鉴于被告人真诚悔罪，对被害人作出谅解。"精诚所至，金石为开"，笔者的真诚沟通终于打动了被害人，在收下 6 万元经济补偿之后，被害人当场签署对被告人的谅解书，并明确建议司法机关不再追究被告人的刑事责任。

由于认罪认罚及刑事谅解工作充分到位，本案被告最终被判处有期徒刑三年，缓刑四年。在被关押六个月之后，被告人终于回到了家中。

再如，在辩护人代理的洪某等六人非法吸收公众存款案中，洪某作为涉案公司团队负责人，涉嫌非法吸收巨额公众存款，非法获利近 40 万元，排在全案六名被告人的第三位。在一审过程中，鉴于被告人洪某认罪认罚，退缴了全部涉案赃款，加之有自首情节，检察机关建议对其可以判处缓刑。不料，在一审法院合议过程中，数十名被害人到法院抗议，要求对所有被告人严判，不得判处缓刑。之后，一审法院将全案六名被告人全部判处三年以上有期徒刑。

案件上诉后，笔者着重就洪某如何做好赔偿，进一步稳定被害人情绪积极和二审法官、检察员沟通。在征得二审承办法官和检察员同意后，辩护人动员洪某亲属在已经退赔原全部非法所得的基础上，自愿再多退赔 20 万元，以远高于其他被告人的退赔款项用于安抚相应的涉案被害人，进而极大地维护了社会的稳定。在作出上述举措之后，许多被害人的情绪得以平复，法院最终改变一审判决，单独对被告人洪某作出了缓刑判决。案件经过一番波澜起伏，终于以被告人及其亲属意想不到的理想判决结果而告终。

丰富的辩护工作实践表明，刑辩工作道路虽远又长，但许多案件常常是"天无绝人之路"。这就要求辩护人熟悉案件事实和法律，精心钻研证据和辩护切入点，以高度负责的工作热情和职业修养，埋头苦干，勇往直前。如此一来，许多看似难以处理的刑事案件都可以获得满意的辩护效果，寻常案件的辩护也可以走出一条非常之道。

刑事案件不同阶段的辩护重点

在刑事诉讼活动中，犯罪嫌疑人、被告人享有的辩护权，既是《刑事诉讼法》赋予他们的一项重要的诉讼权利，也是我国刑事法律制度的一项重要内容。根据法律规定，在刑事诉讼活动中，犯罪嫌疑人、被告人除可以自己依法行使辩护权利外，还可以委托律师和其他符合法定条件的人为自己进行辩护。

实践中，绝大多数犯罪嫌疑人、被告人的辩护权利主要是依靠其近亲属聘请的律师来代为行使。特别是随着今后审判阶段刑事辩护工作全覆盖的普及和落实，刑辩律师的作用会愈加凸显。

那么，面对日益发展的刑事诉讼新环境，作为奋战在一线的刑辩律师，如何保证辩护工作能够富有成效地开展呢？

实践告诉我们，一名尽职的刑辩律师，要保证最大限度地维护犯罪嫌疑人、被告人的合法权益，必须针对刑事案件在不同诉讼阶段的特点，紧紧抓住诉讼证据这一关键环节，从控诉证据是否有效，辩护证据如何收集，非法证据如何排除，疑点证据如何质证，法庭辩论如何展开等多处入手，扎实充分地围绕证据做足文章，全面发表辩护意见，才能收到良好的辩护效果，争取最大限度地把握刑辩工作的主动权。具体讲，应当围绕不同诉讼阶段的辩护需求，始终围绕案件相关证据发力，在以下几个方面展开辩护工作。

一、依法介入侦查环节，着重审查涉案证据是否达到了适用逮捕这一强制措施的法定标准，适时提出取保候审等有利于犯罪嫌疑人的辩护意见

立案侦查，是刑事案件步入诉讼程序的开始。紧随立案程序而来的，就是公安机关对相应的犯罪嫌疑人采取强制措施。对绝大多数刑事案件来说，一旦立案，侦查部门首先要对犯罪嫌疑人刑事拘留，继而大多进入审查逮捕程序。从刑事案件的侦查阶段起，犯罪嫌疑人、被告人聘请的律师，其法定身份就是辩护人。

根据《刑事诉讼法》的规定，辩护人在这一诉讼阶段的职责，包括可以为犯罪嫌疑人提供法律帮助；代理申诉、控告；申请变更强制措施；向侦查机关了解犯罪嫌疑人涉嫌的罪名和案件有关情况，提出意见。在履行上述诸项辩护职责的同时，辩护人应重点围绕与侦查机关所采取的强制措施对应的相关证据，特别是适用逮捕强制措施的证据是否达到法定条件，适时提出意见和建议。

我们知道，在侦查阶段辩护人无权调查取证，真正的辩护权利极为有限，无法了解掌握侦查机关提请批准逮捕所依据的相关证据。那么，辩护人在这

一阶段，应该如何围绕相应逮捕证据进行把关、质疑，并作出切实可行的辩护呢？笔者认为，应当围绕以下几个方面对逮捕证据进行审查质疑。

1. 明确逮捕的法定证据条件

逮捕最重要的法定条件是什么？对此，《刑事诉讼法》第八十一条明确规定："对有证据证明有犯罪事实，可能判处徒刑以上刑罚的犯罪嫌疑人、被告人，采取取保候审尚不足以防止发生下列社会危险性的，应当予以逮捕……"虽然该条法律规定还有其他内容，但对我们辩护工作意义重大的是其中第一款之规定，包括五项内容，即：（一）可能实施新的犯罪的；（二）有危害国家安全、公共安全或者社会秩序的现实危险的；（三）可能毁灭、伪造证据，干扰证人作证或者串供的；（四）可能对被害人、举报人、控告人实施打击报复的；（五）企图自杀或者逃跑的。

可以说，这项规定是决定逮捕与否的核心规定。而其中最重要的是"有证据证明有犯罪事实和社会危险性"这个法定条件，辩护人要把握的就是这个证据到底是什么样的证据。如果我们手中掌握与证明犯罪相反的证据，可以向侦查机关提出疑问，并及时提出取保候审的法律建议或意见。

2. 通过及时会见，全面了解掌握相关逮捕证据的主要内容

犯罪嫌疑人或被告人，其是否真的实施了犯罪行为，因为与自己的前程息息相关，因此在律师会见犯罪嫌疑人时，其所表达的内容也会非常繁多。通过会见，我们基本可以掌握侦查机关是否可以实施逮捕的第一手决定性的证据材料。

比如，在宋某某职务侵占案中，笔者通过会见得知，宋某某被立案是基于公司股东之间的权益纠纷和个人矛盾。虽然宋某某被举报在经营中侵占公司资产，但作为公司法定代表人，其在经营中和其他股东签过协议，即在每年公司利润中，要拿出相应比例的款项对宋某某个人予以奖励。一直到案发，虽然公司一直盈利，但对宋某某的奖励连续三年不曾兑现，客观上是公司对宋某某个人存在欠款。了解到这一情况，笔者及时将委托人提供的奖励协议和申请取保候审的法律意见一并提交办案人员，着重阐述案件中可能存在经济纠纷的本质，要求公安机关对其取保候审。很快，这些意见得到了办案机关的支持。

3. 全力辨别相关逮捕证据的效力是否真实可靠

对于证据的来源、内容、客观性、合法性，特别是证据本身是否合乎常规常理，刑辩律师一定要有高度的敏锐性。

比如，在某地一起合同诈骗案中，公安机关关于犯罪嫌疑人于某诈骗某企业 120 万元的证据与我们掌握的案件事实不符，特别是与犯罪嫌疑人和企业签订的技术转让合同存在严重矛盾。经过会见，笔者和办案人员进行了深入沟通，犯罪嫌疑人最终被取保候审，案件被撤销。

4. 结合其他证据资料，发现和收集不应该逮捕的证据和资料，动摇支持逮捕相关证据的根基

刑辩律师特别要注意发现逮捕证据的矛盾点和薄弱之处，为提出辩护意见打下根基。2015 年，最高人民检察院、公安部联合下发了《最高人民检察院、公安部关于印发〈最高人民检察院、公安部关于逮捕社会危险性条件若干问题的规定（试行）〉的通知》的通知，专门针对犯罪嫌疑人是否具备逮捕社会危险性作出了详细规定。其中包括逮捕证据如何收集、审查，还明确规定，检察院办理审查逮捕案件，必须审查嫌疑人是否具有社会危险性，公安机关必须移送证明嫌疑人具有社会危险性的证据，检察院审查证据必须结合案件具体情况综合认定。此规定还从第五条到第九条，具体规定了对犯罪嫌疑人社会危险性方面的审查内容。也就是说，只有审查符合这些条件，检察院才能批准逮捕。

需要指出的是，在司法实践中，个别侦查办案人员为便于查清案件事实，常常抱着"有罪思维""有罪推定"的认知模式来处理案件，对于一些模棱两可、可捕可不捕的犯罪嫌疑人，也往往是"先捕了再说"，然后再寻找证据。面对这种情况，辩护人在摸清案情，准确把握逮捕案件证据标准的情况下，必须及时出手，果断依据案件事实和逮捕的法定条件积极同检察机关的侦查监督部门进行沟通，紧密围绕证据情况，提出对犯罪嫌疑人不适用逮捕并建议取保候审的书面辩护意见。

在这一辩护环节中，辩护人必须做到三点，一是提交材料及时果断。辩护律师要力争在侦查机关向检察机关提请逮捕之前，将手中收集的"不捕证据"和辩护意见提交。二是保证材料客观真实。根据《刑事诉讼法》的规定，辩护人在侦查阶段无权调查取证，但可以收集证据材料。所谓收集证据材料，笔者认为，就是委托人主动提交的证据材料。作为"不捕证据"，必须是在辩护人收集前就已经客观存在，且在辩护人收集前后，其内容和物理形态均没有发生变化，不是辩护人根据案情自己发现或者"故意找来"的证据，有时公安机关会主动要求辩护人提交相关证据。三是提出建议明确清晰。通过提出明确清晰的建议不批准逮捕的辩护意见，让侦查监督部门针对证据情况认真进行审查，并依据逮捕的法定条件，实事求是地对案件进行逮捕审查，防止先入为主，防止以偏概全，确保不符合逮捕条件的犯罪嫌疑人不被批准逮捕。

二、全面审查判断有罪证据情况，对不符合起诉条件的案件，力争通过辩护，切实否定有罪证据的效力，真正做到不起诉

在案件的审查起诉阶段，辩护人要做到以下几点。

第一，要在第一时间复制案件材料，全面认真阅卷，准确了解案件情况。在把握案件事实证据的基础上，及时会见被告人、犯罪嫌疑人，耐心细致地听取他们的陈述和辩解，辨别供述的真伪，有针对性地破解证据和事实的疑问。

第二，围绕诉讼证据，扎实地做好案件事实情节及证据补充认定等问题

的沟通工作。要和犯罪嫌疑人，以及负责案件主诉工作的检察官就罪与非罪、此罪与彼罪、罪轻与罪重，以及从犯与主犯、自首与立功等，事关犯罪嫌疑人切实利益的关键情节及相关证据，全面、细致、耐心地进行沟通，作出是否需要补充和完善辩护证据的决断，有效地防止证据突袭和出现僵局。

第三，视辩护工作需要，迅速展开补充证据等调查取证的具体工作。特别是对已经发现的无罪和罪轻证据，对那些事实不清，有罪证据不足，甚至关键罪证存在瑕疵和疑点的证据，要及时收集核实，经认真核实仍然不能将疑点排除的，要敢于提出明确的否定意见。对确实有证据证明对犯罪嫌疑人、被告人有利的证据，一定要全力收集提交。

第四，精心做好法庭辩护的准备工作。为保证辩护工作落地留痕，辩护人应当依照《刑事诉讼法》之规定，在审查起诉阶段就提出具体清晰的书面辩护意见，包括对有罪证据的疑问、无罪证据的收集提交，建议不起诉的书面材料，等等。

对于一个具备专业素质和职业操守的公诉人，辩护人在审查起诉期间的上述工作通常会触动他的思考和认识，使其可能会更多地考虑辩护人的意见和建议，从而极大地提高不起诉辩护的成功率。

在苗某合同诈骗一案中，苗某作为刘某公司聘用人员，经刘某合法授权，和某土地权属单位 K 公司洽谈土地置换及房地产开发合作事项。经反复协商，苗某和 K 公司达成融资协议，由苗某受聘的刘某公司在指定时间内将 3 亿元资金汇入 K 公司指定账户，作为地价补偿。同时，刘某公司负责在郊外提供相应地块，刘某所在公司再出资对 K 公司原地块进行开发。

根据双方协议，如果刘某的公司在指定时间内不能将 3 亿元资金汇入 K 公司的指定账户，双方协议失效，不再有任何关系。期限届满后，刘某的公司未能如期汇款至 K 公司的指定账户，苗某对此项工作的代理权限也宣告结束。此后，刘某持苗某和 K 公司所签上述协议的复印件，继续和他人洽谈上述 K 公司地块的开发合作事项，并融得资金数千万元。其间，刘某因早期曾聘用苗某代表自己去和 K 公司谈判，就从融得的资金中向苗某支付酬金 1000 余万元。后刘某、苗某因共同涉嫌合同诈骗罪而被公安机关立案并被执行逮捕，案件被移送审查起诉。

本案中，从证据情况看，认定苗某和刘某共同构成合同诈骗罪，必须要有证据证明苗某明知道刘某用过期的协议去和他人继续商谈 K 公司土地开发事项，并参与融资，收取报酬。而从侦查阶段多次会见及数十本案卷情况看，没有苗某继续参与刘某后续洽谈开发事项的证据，没有苗某、刘某共谋融资的证据。虽然苗某陆续收到刘某支付的 1000 余万元酬金，但苗某对钱款的来源并不知情。

针对这种情况，辩护人反复就案件情况和公诉人进行沟通，并从苗某不具备主观故意、没有参与刘某的融资行为、所得酬金与刘某的"融资"行为无关等三个方面，明确提出建议对苗某不起诉的书面辩护意见。审查起诉期限届满，公诉机关最终对苗某作出了不起诉决定。一起长达一年，涉案金额达 1000 余万元的合同诈骗案终于以"不起诉"的方式落下帷幕。

三、围绕庭审证据精心举证质证，把"争取被告人利益最大化"作为开庭辩护工作的核心，全力让无罪、罪轻的辩护意见成为现实

以审判为中心，是当前和今后一个时期内我国司法改革的重要内容。就刑事案件来说，做到以审判为中心，说到底就是通过法院开庭审判这一诉讼活动，让诉讼当事人更充分地举证、质证，一切让证据说话。从事实和法理上充分阐明罪与非罪、罪轻与罪重、此罪与彼罪、主犯与从犯的事实和法理

活动，阐明量刑的依据和标准，从而在本质上保证审判的公平公正，维护被告人的合法权益，维护法律的尊严和正确实施。

从这一意义上讲，通过审判活动，积极、主动、充分地发表辩护意见是实现辩护意图，达到最大限度维护被告人合法权益的有效形式。

实践中，辩护人在审查起诉阶段做好充分准备的基础上，应当紧紧围绕公诉机关出示的证据和法律规定，在法庭上着重做好以下几个方面的辩护。

第一，切实把握证据规则，确保存在虚假、瑕疵问题的关键有罪证据不被法庭采信。无论是罪与非罪、罪轻与罪重，还是此罪与彼罪，证据都是正确结论的重要前提和基础。因此，辩护人在开展辩护工作时，应当始终牢固树立证据第一的观念。在开庭过程中，辩护人对非经合法程序取得的证据，对真实性无法确认的证据，对和定罪量刑没有关联的证据，对矛盾点、疑点无法排除的证据，必须紧紧抓住相应的问题，坚决不能放过。我们必须知道，一个关键的定罪证据被推翻往往意味着全案的辩护工作都可能出现柳暗花明的转机。

第二，针对案件证据方面存在的问题，辩护人要敢于和善于进行无罪、罪轻辩护。罪刑法定、疑罪从无，是刑事法律的基本原则。作为被告人合法权益代言人的辩护人，对认定被告人有罪的关键证据确实存在疑问和问题而又无法排除的，必须毫不含糊地讲清，甚至直到作出无罪辩护。

这样的坚持、这样的辩护，是案件本身所需，也是辩护人职业操守所系，是维护被告人合法权益、维护法治精神、推动司法进步之所要。这样的无罪辩护，即使因为各种原因，辩护意见不为审判机关所采纳，也可以极大地促进法庭对被告人从宽判处、减轻刑罚。

第三，确保法定从宽情节能够得到法庭确认。对每一起案件来说，自首、立功、退赃、从犯、认罪认罚等法定情节，都是常见的对被告人有利的情节。特别是关于自首、从犯等情节，在司法实践中，因为思维方式和诉讼地位及角度的不同，侦查和公诉人员常常和辩护人有着很大分歧。如果经过侦查和审查起诉，侦查机关和公诉机关没有对自首和从犯问题作出认定，法院在合议时也很难根据辩护人的意见来认定自首和从犯。这就要求辩护人必须从证据准备和法律认知，以及立法本意上，做好充分扎实的法理和证据准备，力争使法院采信辩护意见，作出对被告人有利的裁决。除此之外，辩护人还应结合赃款退赔、认罪认罚、被害人谅解等案件情况，全面充分地做好罪轻辩护工作。

总之，刑辩工作是一项政策性、法律性、专业性极强的工作，要做好辩护工作，专业认知是前提，事实证据是基础，辩护意见是核心。

作为一名刑辩律师，从立案侦查、审查起诉，再到法庭审判的全部诉讼阶段，都必须以高尚的职业节操，深厚的法律功底，严谨的逻辑思维，诚恳的工作态度，无畏的敬业精神，全身心地投入。

辩护人必须敢于始终围绕案件事实和证据，依法充分发表辩护意见，特别是敢于依法提出不起诉、无罪、罪轻等辩护意见，掌握辩护工作的主动权，最大限度地维护被告人的合法权益。

把握和用好刑事辩护的会见权

辩护律师的会见权，是《刑事诉讼法》规定的辩护权中重要的内容之一。《刑事诉讼法》第三十九条第一款规定："辩护律师可以同在押的犯罪嫌疑人、被告人会见和通信……"这一法律规定，明确了刑辩律师会见权的法律依据。可以说，依法会见犯罪嫌疑人、被告人，是辩护律师履行辩护职责的基本方式之一。

实践中，因为种种原因，辩护律师在行使法律规定的这一辩护权的过程中往往受到很大的限制。面对"会见难"现状，辩护律师如何在有限的会见条件下，把握和用好有限的会见权，力争让会见工作更好地服从服务于刑辩工作，成为摆在每个刑辩律师面前不可回避的课题。

一、侦查阶段行使会见权，辩护人应注重为犯罪嫌疑人提供切实有效的法律帮助，在时机上把握一个"快"字

侦查阶段，是整个刑事诉讼程序的第一个阶段，是诉讼程序的起点。在这一阶段，案件最大的特点，一是面对刚刚被采取刑事拘留等强制措施的犯罪嫌疑人，侦查人员办案心切，急于得到关键证据，特别是有罪口供，以迅速突破全案。二是犯罪嫌疑人刚刚进入监管区域，对环境陌生，面对强大的审讯工作，身心压力偏大，回答问题容易失真。除少数犯罪嫌疑人心理素质较好，能够"坦然"面对讯问，有的犯罪嫌疑人因为不懂法，或争取早日出去，还会积极主动交代问题，讨好办案人员，甚至出现过分认罪的情况。三是犯罪嫌疑人的亲属心情急迫，大多不知所措，一方面，积极委托律师，积极提供涉案信息，竭力试图证明犯罪嫌疑人没有问题或问题不大；另一方面，则催促律师抓紧赴看守所进行会见，以图及时把握第一手涉案信息，还有的亲属病急乱投医，迫不及待地让辩护人"找关系"。

这些现象集中到一起，使得在侦查阶段，特别是立案初期，案件的特点是"急"，因此当事人对律师的会见要求就是一个"快"字。面对这种情况，接受委托的辩护律师应当顺应当事人的这一需求，在履行会见程序时突出做到"快"字。也就是说，辩护律师要清楚快速地进行委托告知，麻利有序地办理委托签约，及时迅速地实施会见预约，稳妥扎实地完成会见事宜。

根据相关的法律规定，特别是结合以往的辩护实践，在这一阶段的辩护

工作中，辩护人应特别注重围绕案件实际，抓紧通过有限的会见时机，做好和犯罪嫌疑人的前几次沟通，着力解决以下几个方面的问题。

1. 尽快了解涉案基本事实

需要明确的是，通常情况下，公安机关能够对某人实施立案，应当或多或少地掌握了一些"有罪证据"，或者犯罪嫌疑人同案件有某种重要关联。刑事案件立案的条件是有犯罪事实发生，需要追究刑事责任。但往往因为事发突然，犯罪嫌疑人亲属有时也不掌握涉案的相关情况。因此，辩护律师的首次会见就成了了解案件事实的唯一窗口。

根据《刑事诉讼法》第三十九条第四款之规定："辩护律师会见在押的犯罪嫌疑人、被告人，可以了解案件有关情况，提供法律咨询等……"因此，辩护人在侦查阶段会见，特别是首次会见时，最重要的内容是及时了解案件情况，对案件的大体情况作出初步判断，进而决定相应的辩护措施。

2. 及时向犯罪嫌疑人提供法律帮助

立案初期的犯罪嫌疑人因为法律知识有限，特别是人身自由受限，最需要他人提供法律帮助。辩护人的出现，正是犯罪嫌疑人终日之所期。因此，辩护人在侦查阶段的会见，尤其是前几次会见，一定要积极动员犯罪嫌疑人讲实话、吐心声。在了解掌握案件真实情况的基础上，辩护人要及时围绕涉案事实，为其讲清构成犯罪的相应条件，分析犯罪嫌疑人涉案事实的性质、情节的轻重，是否已经涉及犯罪。确实犯罪的，辩护人要明确犯罪嫌疑人是否有坦白自首的情节。在此基础上，辩护人要全方位为犯罪嫌疑人提供法律帮助，动员其如实回答办案讯问。对经初步分析，确实可以认定犯罪嫌疑人行为不构成犯罪的，辩护人应及时给犯罪嫌疑人以正面鼓励，坚定无罪信念，同时积极有效地施以相应法律帮助。

3. 视情况提出取保候审申请，保证从程序上维护犯罪嫌疑人的合法权益

申请取保候审，是法律赋予辩护律师的一项重要诉讼权利。刑事案件立

案，对犯罪嫌疑人多是以采取刑事拘留措施开始。这一措施的实施，因其时间所限，必然面临变更为取保候审、监视居住及逮捕等强制措施的问题。对一般案件而言，犯罪嫌疑人或其亲属，此时聘请律师的目的之一就是办理取保候审，而刑事拘留的这段时间又被称为办理取保候审的"黄金时间"。

最近几年，从我国的刑事诉讼政策看，"少捕慎捕"正日益成为形势所趋，全国各级检察机关也在逐步收紧逮捕案件的审批条件，"能不捕的坚决不捕，可捕可不捕的尽量不捕"正成为实践中逮捕案件的重要标准。这些情况极大地提升了犯罪嫌疑人及其亲属对办理取保候审的期望，有的人甚至把能否办理取保候审作为侦查阶段是否辩护成功的标志之一。因此，辩护律师一定要紧密围绕案件事实，切实把握好逮捕的法定条件和政策界限，通过会见向犯罪嫌疑人讲清相关法律政策，注重从程序维权方面积极作为，及时提出取保候审的法律意见，保证让不具备逮捕条件，特别是不具有现实危险的犯罪嫌疑人能够不被逮捕，做到首先从程序上尽最大努力维护犯罪嫌疑人的合法权益。

二、审查起诉阶段行使会见权，辩护人应围绕解决罪与非罪、罪轻与罪重等辩护关键问题，切实突出一个"实"字

审查起诉阶段，是辩护人行使辩护权的重要诉讼阶段。在这一阶段，辩护人不仅可以阅看涉案卷宗材料，基本掌握全案证据，而且具有调查取证权。辩护工作是否坚强有力，直接对检察机关的审查起诉结果，提起公诉与否，相关涉案情节的认定，具有重要意义。

因此，辩护人应当结合及时、全面的阅卷工作，注重利用宝贵的会见时间，用实劲儿，着力解决好以下事关犯罪嫌疑人权利的"实"际问题。

1. 及时向犯罪嫌疑人核对案件重要事实

法院判决案件的前提和基础是案件的事实和证据，而事实和证据则主要

存在于案件的卷宗材料中。因此，案件进入审查起诉阶段，辩护律师的第一要务是阅卷，阅卷的最主要内容是要清晰案件情况，掌握案件的证据材料。在此基础上，辩护人应当通过会见就案件中的矛盾点、关节点、相关疑问及时予以澄清。

比如，故意犯罪中的主观犯意问题，职务犯罪中的犯罪嫌疑人的身份问题，经济犯罪中的数额认定问题，未成年人犯罪中的犯罪嫌疑人的年龄问题，有组织犯罪中的犯罪嫌疑人的地位作用问题，犯罪嫌疑人的坦白自首问题等，都应当予以认真核实。

2. 阐明对案件情况的总体认识，核实认罪认罚的相关情况

对检察机关而言，审查起诉阶段的一项重要工作就是做好认罪认罚工作。应当肯定的是，自认罪认罚从宽制度实施以来，绝大多数相关案件通过适用这一程序，使犯罪嫌疑人得到了从宽处理，简化了案件程序，节省了办案资源，提高了办案效率。但也确有极少数案件被不适当地做了认罪认罚。有的犯罪嫌疑人本来对涉案事实存在很大疑问，有的甚至根本不予认罪，但出于种种原因违心地做了认罪认罚。因此，在这一阶段，辩护律师一定要结合阅卷，准确地把握案件事实，切实有效地从案件实际出发，就犯罪嫌疑人是否认罪认罚，是否签署具结书，在会见沟通中提出切实有效的法律建议，保证最大限度地维护犯罪嫌疑人的合法权益。

3. 通过和犯罪嫌疑人的有效沟通，向公诉机关出具法律意见书

在审查起诉阶段，案件基本"成型"，犯罪嫌疑人有罪无罪、罪轻罪重，有无自首立功等情节，公诉机关是提起公诉还是作出不起诉的决定，都会在这一阶段得出明确结论。这一阶段的辩护律师，应当在全面阅看案卷的基础上，对上述问题得出自己的明确观点。所有观点都应当利用会见时机和犯罪嫌疑人进行充分沟通，听取犯罪嫌疑人自己的意见和建议。特别需要注意的是，对于明显事实不清、证据不足，经依法退回补充侦查仍然没有获得新的有效证据的案件，辩护人应当毫不犹豫地提出不构成犯罪和不起诉的书面法律意见，并及时递交公诉机关，以保证无罪的犯罪嫌疑人不被错误地带入审判程序，切实防止无罪之人受到错误的法律追究。

三、审判阶段行使会见权，辩护人要致力于未来的法庭举证、质证和法庭辩论，内容上突出一个"全"字

审判阶段，是以审判为核心的刑事诉讼制度中最重要的一个过程。在这一阶段，最重要的工作就是通过公诉机关、辩护律师的举证、质证，由审判人员居中裁判，就被告人是否有罪、构成何罪、此罪与彼罪、罪轻与罪重，在法律上作出结论。

对辩护人来说，如何全程做好质证工作，全力让质证工作服从服务于最后的法庭辩论，是这一阶段辩护工作的重中之重。相应地，做好质证基础上的辩护准备，也成为辩护律师会见沟通的重要内容。在这方面，辩护人会见沟通的内容应当着眼于未来的法庭审理工作，突出一个"全"字。所谓全，是指围绕以下几个方面在会见中和被告人做好沟通。

1. 着力准备好被告人对法庭讯问的回答事宜

对被告人的法庭讯问，是开庭审判的一个必经且重要的环节。在这方面，被告人成功地进行法庭答问对做好法庭质证，甚至最后辩护词的发表、犯罪事实的认定，都具有重要意义。因此，辩护律师一定要在庭审前的会见过程中，向被告人说明法庭庭审程序，在告知其庭审权利义务的同时，拟制好未来的法庭问话提纲，就可能遇到的各种各样的法庭问话问题作出设想，依照事实和法律规定，及时对被告人作出善意辅导，让被告人的所有回答都有利于法庭辩论。

2. 对被告人如何发表质证意见作出重点引导

每一份法庭质证意见的发表都事关案件事实的最后认定，特别是事关罪

与非罪、罪轻与罪重、此罪与彼罪的关键证据，被告人的质证意见尤为重要。这就要求辩护人在开庭准备的过程中，利用会见之机，就案件的关键证据、重点环节，及时对犯罪嫌疑人做好引导指路，防止其在法庭上发表于己不利的质证意见。对于表达能力较弱，对庭审问话、质证等有害怕心理的被告人，辩护人应提前交代清楚，在法庭上由辩护人更多地发表质证意见。

3. 帮助被告人做好自行辩护和法庭最后陈述的准备工作

根据《刑事诉讼法》的规定，被告人不仅可以聘请律师为其辩护，还有自行辩护的权利。在法庭审理过程中，如果被告人自己的辩护能够逻辑清晰、抓住要点、把握关键，往往会起到意想不到的法庭效果。特别是对那些文化认知程度高、分析判断能力强、对案件关键环节把握比较准的被告人，辩护人应当充分利用法律专业知识，通过会见，对其自行拟写的辩护意见认真把关，在引导被告人做好法庭配合的基础上，提高被告人自行辩护的质量。需要注意的是，在引导被告人做好法庭自行辩护的同时，辩护人切记要将自己的辩护意见和被告人详细沟通，以便在法庭上取长补短，互相配合。

不仅如此，庭审前，辩护人还要帮助被告人做好法庭最后陈述的准备工作。在许多案件中，一份好的法庭最后陈述有时能够形成法庭审判的高潮，甚至形成法庭审判人员对被告人的有利认知，直到形成对被告人有利的审判结果。特别是在职务犯罪案件中，在被告人完全退赃退赔、认罪认罚的情况下，被告人最后陈述中对所犯罪行的真诚悔过，对组织、亲人的流泪忏悔，对认罪服法的坚决表态，在一定程度上影响着法庭审判人员对其的判决态度。辩护律师尤其应当在这方面为被告人事先把好关、定好向，以保证庭审态势于被告人从轻减轻处罚有利。

总之，只要辩护律师紧紧围绕上述诸多方面，在办案的各个阶段，特别是庭审之前，利用会见之机把相关工作做全、做细、做扎实，充分把握利用好会见权，辩护工作就一定会富有成效。

在这里，笔者特别强调的是，虽然许多监管机构都在大力着手解决律师会见难的问题，包括开通双休日会见通道，建成远程视频系统，等等，但基于多种原因，辩护律师会见难的问题还不可能在短期内得到彻底解决。因此，辩护律师更应该珍惜来之不易的会见机会，把"钢"用在刀刃上，决不能单纯为了会见而会见，或者把大好的会见时机用来闲聊家常等其他与案件无关的事项。

受贿罪的证据之辩

受贿罪，是国家工作人员职务犯罪案件中非常常见的一种，也是办案机关主要依据言词证据进行定罪的案件类型。在辩护工作实践中，如果某一案件中行贿方、受贿方就相关的贿赂情节陈述一致，加之有多份笔录在案，并附之以行贿人、受贿人亲笔书写的证言和供词，则案件事实似乎更加"板上钉钉"，无可更改。对这样一些案件的辩护工作，许多辩护人往往一筹莫展，无计可施。有的案件涉罪数额特别巨大，在案证据显示并无赃款可寻，也没有其他证据表明赃款的下落，却仅仅凭借在案证据中行贿、受贿双方言词证据的"一致性"，犯罪嫌疑人、被告人便被定罪处罚。

《刑事诉讼法》第五十五条第一款规定："对一切案件的判处都要重证据，重调查研究，不轻信口供。只有被告人供述，没有其他证据的，不能认定被告人有罪和处以刑罚……"

这一法律规定为辩护律师在实践中突破受贿罪中言词证据的限制，切实辨别言词证据真伪，实施有效辩护，提供了重要的法律依据。联系自身辩护工作实践，笔者认为，受贿罪的证据之辩应当特别注意以下几个方面。

一、从言词证据自身存在的矛盾中寻找辩护突破口

受贿案件的隐蔽性使言词证据成为该类案件中最常见、最主要的证据形式。在司法实践中，有些受贿案件，表面上看行贿方和受贿方的言词高度一致，且在某些所谓的细节特征方面也相互吻合。但如果言词证据自身存在问题，我们沿着这些言词所述"事实"寻踪觅迹，仍然能够发现证据当中的矛盾所在，并进而剖析证据自身这一矛盾，突破言词证据的不实之处，为案件的辩护工作打开突破口。

在笔者办理的某官员受贿案件中，受贿人曾为当地主要负责人。根据案卷显示，当地房地产行业的一位民营企业老板交代，他曾经在该负责人主政期间，利用年节假日等时机多次向该负责人以现金行贿，行贿金额400多万元。办案机关对该负责人的讯问笔录也记载其供认了上述"事实"。

在本案庭前会议的证据开示过程中，作为辩护人，笔者从案卷既有材料出发，提出对该部分涉案事实的证据疑问：一是受贿款项没有下落；二是如此巨大数额的受贿事实，除了供证双方的言词证据，没有任何其他在案证据予以佐证，明显证据不足。

此后，在等待开庭的两个多月中，公诉方先后向法庭提交了该民营公司相关账目22笔，以证明该民营老板分22次从公司提取现金，向涉案被告人行贿的事实。得到上述新的相关证据后，笔者进行了认真审查，发现这些证据明显存伪，并不能证明行贿人即该民营企业老板以现金行贿的事实。

其中的主要矛盾表现在：第一，行贿人交代，其行贿所用的400多万元均是以现金的形式提取，而他提交的公司相关账目所对应的书证却是

用来购物的银行转账支票，没有一张是提取现金的支票，这些证据无法证明行贿人有提取现金的行为。第二，在提交的书证资料中，与转账支票对应的支出内容是购买了房地产开发的相关建筑材料，或向工地工人支付工资，且有相关的建筑材料正式发票及工地工人签字。这些证据在一定程度上证明了款项支出并非现金，且与行贿的公司老板没有直接关系。第三，作为行贿人的民营老板交代他本人在公司提取现金留有亲笔签字，而其提交的 22 笔相关账务资料中没有一处是他本人签字。

在接下来的法庭开庭过程中，笔者针对公诉机关指控的上述犯罪事实，紧密围绕上述证据，重点分析阐述相关证据自身存在的诸多矛盾，大胆揭露证据之疑，进而充分论证了供证双方的言词证据均为不实之词，赢得了法庭质证和法庭辩论的主动。

二、明辨相关有罪言词证据在客观上的虚假性

贿赂犯罪的本质是权钱交易。行贿人实施行贿行为，特别是重特大行贿行为，必须同时具备这样一些条件：一是要有行贿的经济基础，即有一定的财力。二是期待相应的回报，即行贿的"产出"一定要大于其行贿的"投入"。三是大额款项的行贿资金必须有明确的出处。离开了这三个条件的行贿案件，即使受贿人、行贿人的供证再一致，辩护人在辩护中，司法机关在定案时，也要打上一个问号。

在一起国家机关负责人受贿的案件中，根据被告人供述和行贿人的陈述，该负责人被控一年内多次收受他人贿款，涉案数额高达 300 万元。身为普通市民的行贿人，其行贿的目的是通过该负责人获得其单位一间临街房屋的承租权，以用来开设一家小超市。工作中，笔者通过对行贿

人的资金来源、资金能力、收益和回报情况进行认真的收集分析，发现行贿人本身不具备如此巨额资金的来源和行贿能力，且超市营业额及利润远不能弥补其行贿所付出的投入，从而得出该案言词证据不实之结论。辩护人据此提出的辩护意见，也赢得了法庭的重视。

三、从相关言词证据的非科学性推导出错误结论

刑事诉讼是一门科学，与之相关的、能够致人定罪的各类证据也必须符合科学精神和要求。特别是相关的言词证据，如果违背科学，经不起科学原理的推敲和考验，其内容必定存伪。在工作中，面对这样的言词证据，如果其中有假，辩护人只要按照科学定律或要求加以顺延引申，必然会得出错误或者荒谬的结论，从而有力地推翻内容不实之言词证据。

在某局长受贿一案中，根据涉案 7 名行贿人员的陈述，作为涉案局长的下属，为了得到晋升或好评，他们都曾在局里某次会议之后，到该局长的办公室给局长送钱。虽然局长对上述行贿人的言词证据予以了确认，但根据查询该局的工作记录得知，该局长在这次会议结束后，在其办公室停留时间只有 30 多分钟。按照这一逻辑，他需要在 30 多分钟内收受 7 人的贿赂。在这种情况下，行贿的 7 人没有商议、没有约定，井然有序、互不相遇地完成行贿，显然没有可能。法庭上，笔者提出的上述辩护观点让公诉方无言以对。

四、以事实和常理揭露相关言词证据的不可能性

对受贿犯罪的刑事控告和司法审判，从证据角度而言，某种意义上，就

是在法庭上对过去发生的案件事实进行复原，进而作出司法评判。在这个复原的过程中，如果用来定案的相关言词证据是虚假的，那么，我们按照这个虚假的言词证据复原出来的案件事实必定与曾经发生或存在过的客观事实相违背。通过这种复原，辩护人恰恰可以对案件中用来证明有罪的相关虚假言词证据进行证伪，从而实现自己的辩护目的。

在某官员受贿案件中，据身为该官员行政管理对象的行贿人交代，其为了让该官员对其经营的某零售商店予以关照，曾于2017年某天一次性向该官员行贿20万元。根据笔录记载，其行贿款项是其当时在商店的零售款收集而成。针对这一情况，辩护人根据掌握的证据情况，在法庭上明确提出该案相关言词证据的虚假之处，一是商店当时没有如此巨大的零售额，不可能一下拼凑20万元巨额现金；二是2017年零售商店早已经是以手机支付为主，没有大额的现金支付，行贿人不应当有如此数额的现金；三是临时集中20万元百元面值的现金，客观上也不存在可能。

上述合情合理的法庭辩护意见直接从客观逻辑和可能上提示出案言词证据存在的虚假之处，赢得了法庭主动。

总之，因为受贿犯罪案件比较隐蔽，所以言词证据是主要证据，但是言词证据的形式比较单一，这就要求辩护人认真吃透案情，注意从证据来源入手，严格按证据的法定要求探寻证据效力，把握真实、科学、客观的证据本性，严格审查证据。如果发现言词证据中存在不实之处，要积极地揭开其虚假之处，使辩护工作走出新的天地，收到更好的辩护效果。

第三章

刑辩工作中的问题研究

实践中提高法庭辩论技巧

在以审判为核心的刑事案件庭审过程中，控辩双方的法庭论战始于法庭审理中的举证、质证，终于法庭宣布被告人做最后陈述之前。可以说，公诉方和辩护人双方的论战几乎贯穿了庭审的整个过程。这一过程的展现对合议庭成员了解掌握案情，形成案件认知，以及最后对控辩双方意见的取舍，进而作出正确判决，具有决定性的意义。

不容否认，影响刑事案件最终审理结果的决定性因素是案件本身的既定事实和证据情况。但在案件事实证据已经固定，控辩双方从各自不同诉讼地位出发，对同一案件事实证据、诉讼论点相异，甚至观点完全对立的情况下，哪一方在论战中占据了上风，合议庭成员就有可能更多地被哪一方的辩论观点所左右，直至由此直接影响到案件的审理结果。

这当中，辩护人高超的法庭论战技巧对于清晰地说明涉案事实，充分地阐述辩论观点，改变审判人员的思维和认知，能够起到启发引导、兼听则明的积极作用。在具体实践中，并不缺乏因精彩的法庭辩论而最终赢得案件审理结果的实例。这些做法和经验，值得我们在工作实践中领悟、学习和参考。

一、针对公诉机关的错误指控，直接实施"釜底抽薪"式的辩护反击，从根本上否定指控观点

在众多的刑事诉讼案件中，经过侦查、调查、审查起诉、开庭审判等一系列严格的办案程序，被告人最终能够被法院宣判无罪的案件少之又少。然而，因为种种原因，总有极个别的刑事案件在历经了多重办案程序后，以法院宣告被告人无罪而终。这当中，辩护人根据案件事实和证据情况，在各个办案阶段的无罪辩护的坚守发挥了十分重要的作用。

实践中，类似的无罪辩护获得成功的案件往往其案件本身在基本事实和证据的认定上就存在根本性错误。这些问题和错误基于多种原因往往没有得到侦查、审查起诉机关的足够重视，所以在经历了举证、质证及高强度的法庭辩论后其被发现经不起推敲，最终使合议庭得出被告人无罪的结论。

在进行这些案件的辩护时，辩护人在认真阅卷和研习相关法律规定的基础上，必须从一开始就对案件事实和证据效力作出准确预判，真正清楚相关证据所能证明的涉案法律关系，并且有准备地在公诉举证和法庭辩论过程中，对公诉相关的错误起诉结论、举证观点、公诉意见进行全方位反击，对全案展开坚定的、釜底抽薪式的无罪辩护，实施全方位的论战反击，并力争辩护观点为法庭所采纳。比如，对于有的合同诈骗案件，辩护人在经过阅卷审查后发现相关证据所能证明的案件事实本质上是民事经济纠纷，而不是刑事法律关系时，就应当从案件本身的法律关系入手，在质证和阐述辩护意见时，始终围绕被告人行为不构成刑事犯罪这一意见，实施釜底抽薪式的辩护反击，坚持做好无罪辩护。

二、针对控方证据的重大瑕疵，全方位、多角度论证其不可采信性，动摇控方重要证据的基础

一起刑事案件，其证据往往林林总总，涉及案件的方方面面。在众多的证据当中，总有一些证据是事关案件最终能否定罪的重点或关键。从有罪判决的角度而言，这些证据必须确实充分，经得起事实检验，否则认定案件的根基就会动摇。

在辩护工作中，面对这样的证据，辩护人一定要注意从证据的来源、证据本身的内容，以及证据和案件的根本关联性等多方面进行考证，对达不到刑事证据标准的，要敢于在法庭论战中全方位提出否定性意见，以从根本上动摇案件的证据基础，实现辩护目的。

实践中，有的案件，办案机关定罪的基本证据就是现场勘查笔录或鉴定结论。辩护律师一旦发现涉案的现场勘查笔录或鉴定意见明显存在问题，应当果断地对相关证据提出疑问，直到推翻有罪证据效力。例如，在故意杀人案件的现场发现了非犯罪嫌疑人、被告人遗留的物品；相关案件笔迹鉴定中存在严重违反鉴定程序的环节；等等。辩护人应当毫不犹豫地提出勘查疑问或者重新鉴定申请，决不能让疑点证据或瑕疵证据作为定案的依据。

三、对控方错误论点加以发挥引申，得出错误结论，做到"以子之矛，攻子之盾"，继而予以否定

按照形式逻辑的运行规律，假设某一个错误的前提成立，那么，依据这个错误的大前提运行事物的发展，最终必然会得到一个错误的结论。

在刑辩工作的实践中，面对公诉机关类似这样的举证行为，辩护人在发

表质证意见和法庭辩论时，如果将公诉机关的举证意见进一步发挥引申，得到的是一个错误结论，就可以推导出其举证前提的错误，从而推翻公诉机关的相应证据，实现"以子之矛，攻子之盾"，最终达到自己的辩护意图。

例如，在一起巨额行贿案件中，行贿人陈述其用纸袋包裹着400万元现金，爬楼梯来到住在4层的官员家行贿。按照这个逻辑，必然得出一个纸袋装400万元现金，且由一个人提着爬上4楼的必然结论。而实践表明，没有什么结实的纸袋能装下400万元现金，一个人更是没有力量提着装有400万元现金的纸袋爬上4楼。这样的结论，足以证明行贿人的陈述有假。

四、着眼于控方证据存在的非客观性特征，用科学的原理阐述其不可能性，进而否定其证据效力

众所周知，刑事诉讼证据的合法性、真实性、关联性是其作为在案证据必须具有的三大特征。这当中，证据的真实性在证明案件客观事实的过程中又优于其他两项特征。从这一意义上说，真实性是证据之魂，具有其他证据特征所不能替代的重要作用。

实践中，诉讼证据的真实性往往要从多方面加以印证。这当中，客观可能性或者说科学性，是一个特别重要的印证方面。换句话说，证据如果违反科学原理，不具有客观可能，则其真实性必然大打折扣，其作用也会受到根本影响。这一点，也是刑辩实践中经常运用的辩护技法。

在笔者办理的段某合同诈骗一案中，公诉机关指控段某在代表单位出售煤矿的过程中，把虚构的煤矿储量报告提供给买方，致使买方收购了根本达不到约定储量的煤矿，从而造成买方巨大的经济损失。

在辩护工作中，笔者通过阅卷发现，煤矿交易双方签署转让合同的

时间是 2012 年 10 月 12 日，预付款时间是在合同签署前 5 天，煤矿过户时间是在 2012 年 11 月底。而煤矿储量评估机构登记的报告出具时间，以及段某领取报告的时间是 2012 年 12 月 17 日。也就是说，根据公诉机关的指控，段某提供储量报告时，其手中已经持有该报告，而实际情况是当时评估报告尚未出具。

法庭上，笔者坚持从案件既有的客观证据出发，充分发表质证和辩护意见，从而在根本上否定了公诉机关的指控。该案以段某不构成合同诈骗罪了结。

总之，刑事案件的法庭辩论，是一项富有技巧的、有难度的工作。每一名致力于做好刑辩工作的律师都应当不断学习，不断提高，努力在实践中摸索，力争早日在刑辩工作中有所收获。

刑事案件中的控辩沟通问题

在整个刑事诉讼过程中，公诉机关代表国家实施的指控犯罪和辩护律师受人之托所进行的多维辩护，构成了以审判为中心的诉讼程序的核心内容。在这一过程中，公诉机关通过沟通能够及时获知诉讼相对方对案件认知的相关信息，从而形成对案件更加全面客观的思维认知体系，提高公诉质量。通过沟通交流，公诉机关把案子诉得优秀，辩护律师把案子辩得精彩，案件的审判质量就会得到保证。由此看来，这种法庭之外的控辩沟通对于控辩双方来说，都具有特别重要的意义。

一、明确控辩沟通的必要性

1. 与辩护方沟通是公诉机关的法定职责

毫无疑问，审查起诉和依法提起公诉是法律赋予检察机关的两项重要的工作职能。《刑事诉讼法》和最高人民检察院出台的《人民检察院刑事诉讼规则》（以下简称《规则》），都对"听取辩护人意见"作出了明确规定。

《刑事诉讼法》第八十八条第二款规定："人民检察院审查批准逮捕，……听取辩护律师的意见；辩护律师提出要求的，应当听取辩护律师的意见。"第一百七十三条第一款规定："人民检察院审查案件，应当讯问犯罪嫌疑人，听取辩护人或者值班律师、被害人及其诉讼代理人的意见，并记录在案。辩护人或者值班律师、被害人及其诉讼代理人提出书面意见的，应当附卷。"第一百七十四条第一款规定："犯罪嫌疑人自愿认罪，同意量刑建议和程序适用的，应当在辩护人或者值班律师在场的情况下签署认罪认罚具结书。"

不难看出，这一系列法律规定明确了在审查批准逮捕、审查起诉中，公诉人听取辩护人意见的过程，其实质上就是公诉机关和辩护人就案件问题所进行的沟通。

为了保证"应当听取辩护律师的意见"这项工作的具体落实，最高人民检察院又通过制定《规则》的方式，将公诉机关的这种法定职责进一步加以细化，使其更具有可操作性和规范性。《规则》第五十四条、第五十七条、第一百三十五条、第二百六十一条、第二百六十二条、第二百六十九条、第二百八十一条等都明确规定，人民检察院在办理审查逮捕案件中，可以听取辩护律师的意见；辩护律师要求听取意见的，应当听取。在办理审查起诉案件中，公诉机关一律应当听取辩护律师的意见。

不仅如此,《规则》在这些条款中对如何听取辩护人的意见还明确作出了五项规定,一是公诉机关应当就听取意见事项做好笔录;二是辩护人提交的书面材料和意见应当附卷;三是非必需时不得以电话沟通代替当面沟通;四是对有重大影响的案件,可以采取当面听取侦查人员、犯罪嫌疑人及其辩护人等意见的方式进行公开审查(听证);五是辩护人对应当听取其意见而未听取的,可以向同级或上级检察机关的申诉部门提出申诉控告。

上述法律及规则的相关规定,彰显了公诉机关听取辩护人意见,并与其进行沟通的法定性、强制性。

2.控辩沟通是辩护律师正确履职的需要

无论是《刑事诉讼法》还是《律师法》,都明确规定辩护人的责任是根据事实和法律,提出犯罪嫌疑人、被告人无罪、罪轻或者减轻、免除其刑事责任的材料和意见,维护犯罪嫌疑人、被告人的诉讼权利和其他合法权益。这当中的"提出……材料和意见"正是辩护人依法履职,进行办案沟通,实现辩护目的的法律基础。

从上述具体的法律规定出发,结合《刑事诉讼法》《律师法》及其他相关法律法规的规定,我们可以发现辩护工作具有以下两个明显的特点。

(1)辩护工作具有全程性

辩护人的辩护工作贯穿刑事诉讼的全过程。就侦查阶段而言,辩护人可以就逮捕这一最常见的刑事强制性措施提出明确建议,要求公诉机关依据相关法律及少捕少押的刑事政策,对涉案的犯罪嫌疑人不批准逮捕,或者建议变更为其他较轻的刑事强制措施。而实现这一建议的方式,就包括与审查逮捕人员进行必要的沟通。特别是在犯罪嫌疑人被批准并执行逮捕后,辩护人的一项重要工作就是申请羁押必要性的审查,通过依法提交书面申请,要求检察机关对逮捕措施进行认真审查,并力争变更逮捕措施为较轻的刑事强制措施。

案件到了审查起诉阶段，通过阅卷，公诉机关和辩护人对案件事实都有新的、更加全面的认识，基于履行各自的法定职责，双方对案件事实的证据、定性、情节轻重的沟通交流，更成为一种现实可能。

（2）辩护工作的基本方式为"提出……材料和意见"

综观全部相关法律规定，辩护人履行辩护职能的法定方式就是"提出……材料和意见"。这种基本的工作方式实际上表现为办案中的控辩双方的沟通和交流，包括言语交流和书面交流。对应公诉机关的"应当听取"之要求，控辩双方的沟通交流也成为履行职能所必需。随着办案工作的不断发展，特别是审查起诉工作的逐步展开，控辩双方的交流和沟通也变得更加迫切和现实。

3. 控辩沟通是办案工作客观发展的需要

刑事诉讼中的公诉和辩护，是统一于以庭审为核心的刑事诉讼过程的两个方面。公诉机关的职责是通过履行公诉职能这一法律赋予的公权力，实现打击犯罪、惩治犯罪，维护法律公平正义。而辩护人的职责是基于当事人的委托，依照法律规定的权限，提出犯罪嫌疑人、被告人无罪、罪轻或者应当减轻、免除其刑事责任的材料和意见，维护其相关的合法权益。

古语讲："知己知彼，百战不殆。"在公诉与辩护这一矛盾的对立统一体中，这一规则对双方来说都是公平的。法律在分别赋予控辩双方诉权和辩权的同时，也分别赋予了"听取"和"提交"的职责，二者统一于沟通交流这一具体的办案过程中。可以说，只要案件在发展，只要案件程序在推进，只要案件没有终结，这种沟通就具有现实性，就成为一种必要和可能。因此，控辩沟通交流是办理案件的客观需求和必然需要。

二、明确控辩沟通的基本内容

应当明确，作为代表国家行使公诉权的检察机关，在诉辩沟通中一直居于主导地位。但在实际工作中，绝大多数公诉人员对这一工作的职责认识不清、重视不够，且往往在具体案件中将这种沟通交流搁置一边。

实际上，公诉人员积极主动地听取辩护人的意见，是提高自己公诉质量的一个重要机会。特别是对那些辩护人积极主动要求对案件进行沟通的案件，通过沟通，公诉人可以了解辩护人对案件的认知"底细"，这是公诉人根据"敌情"，实现"知彼"，做好公诉准备非常难得的机会。相反，从一定意义上说，如果公诉机关没有沟通意愿或者拒绝沟通，单靠辩护人一厢情愿，想实现这种沟通是非常困难的。因此，公诉机关能够积极主动沟通是有非常重要的意义的，只有如此，才有可能实现全面意义上的办案沟通。

具体讲，控辩双方的办案沟通应当围绕以下方面展开。

1. 关于强制措施运用方面

公诉机关应当认真听取辩护人关于变更刑事强制措施的申请意见，包括对刑事拘留、监视居住、逮捕等强制措施适用是否得当的意见和建议，加大对侦查机关适用相应强制措施的审查监督力度，对于羁押必要性审查的申请，一定要认真对待，严防应付了事，绝不能让审查监督走过场。

2. 关于案件证据方面的意见和建议

关于案件证据方面的意见和建议，包括对原有证据的疑问，新证据的调取申请，有无启动非法证据排除程序的需求。对于辩护人提出要求的，公安机关应当收集而未收集、应当提交而未提交、应当调取而未调取的证据，公诉机关应当仔细审查其对认定全案的重要作用，认真对待。

3. 关于案件事实方面的意见和建议

关于案件事实方面的意见和建议，包括涉案事实是否真实，认定是否准确，有哪些合理怀疑。对于明显违背客观规律和现实可能的案件事实，辩护人在沟通时应当特别予以关注，积极解决。

4. 关于罪与非罪、罪轻与罪重、此罪与彼罪方面的问题和建议

关于罪与非罪、罪轻与罪重、此罪与彼罪方面的问题和建议，包括自首、立功、退赃等情节的沟通。这些相关的涉案情节，常常事关被告人最后的判决结果，往往构成全案辩护的核心焦点。辩护人在沟通交流中的每一点意见和建议，都可能成为其辩护词的关键所在。应当说，辩护人这些"交底问题"，直接向公诉方和盘托出了自己的辩护设想，对于公诉方完善公诉方案，提高控诉水平，打好有准备之仗，提供了重要条件。基于此，公诉机关也应当珍视和重视这方面的沟通交流内容。

5. 关于认罪认罚、刑民交叉案件、企业刑事合规，以及缓诉、不起诉方面的问题

随着认罪认罚、刑民交叉案件，以及企业刑事合规等新情况、新问题越来越多地出现在我们的办案视野中，认清案件本质，熟悉并运用相关的法律规定，切实解决好这些问题，对于控辩双方在办案中达成新的诉讼平衡，力争各方利益的最大化，具有非常重要的现实和长远作用。

需要注意的是，企业刑事合规问题是新形势下刑事诉讼工作中出现的新情况、新问题，对于企业合规组织健全，程序周延，案件本质符合合规规定的，公诉机关适度考虑对单位犯罪实行暂缓起诉。对直接负责的主管人员、直接责任人不起诉往往会收到意想不到的办案效果，特别需要引起公诉机关的高度注意。

我们需要明确的是，辩护人沟通的重点一定是其辩护的重点。沟通本身，就是辩护意见的最早亮相，是公诉机关做好公诉准备最重要的先机。

对于辩护方而言，一定要有积极主动沟通的意愿，特别是注意准备好书面沟通提纲，或者相关的法律意见，真诚、切实地提出具有可行性的沟通内容，切实防止把难得的沟通交流机会变成向公诉机关求情，祈求公诉机关违背法律意愿和案件事实，进而作出从轻、减轻认定的过程，更不能让这种沟通变

成走过场。

三、切实提高控辩沟通的质量

办案中，控辩沟通的一个重要目的是通过双方就案件认知信息的互相交流，形成办案当中相对的诉辩平衡，最大可能地实现双方的诉讼意愿，保证诉讼质量。从某种程度而言，控辩沟通的质量也往往决定了最终案件的公诉和辩护质量。

要保证控辩沟通的高质量、有效果，关键要注意解决以下几个方面的问题。

1. 公诉机关要转变观念，变被动沟通为主动交流

前文讲到，基于种种原因，在当前绝大多数公诉机关受理的案件中，公诉方对和辩护人的沟通交流工作普遍重视不够，表现为以下几点。

（1）不进行交流

有的公诉人员视交流为多余、无用的工作，固执地按照以往的陈旧办案方式进行审查起诉，直到出庭公诉。有时，公诉机关从受理案件到最后法庭开庭审案，也没有和辩护人进行过任何沟通交流，更没有听取任何辩护方面的意见，置法律规定的"应当听取"义务于不顾。

（2）交流流于形式

有的公诉人员虽然应约和辩护人见了面，听取了辩护一方的相关意见和建议，但工作也仅限于程序上交差，没有真正对辩护方的相关意见做进一步研究分析，也没有从保证办案质量的高度出发，作出更深入一步的思考。

（3）置辩护方的意见建议于不顾

在审查起诉之初进行交流的过程中，有的辩护律师从一开始就提出一系列事关案件相关问题的意见和建议，比如羁押措施的变更问题，对侦查机关违法行为、违法证据的纠正问题，相关证据的补充完善问题，案件事实定性等方面的疑问等。

鉴于此，公诉机关一定要高度重视并且做好和辩护方的沟通交流工作，要切实转变观念，正确看待辩护方的沟通交流意见对正确认识全案、保证高质量诉讼的重要意义，把办案中的沟通交流作为获知辩护"基因密码"的重要渠道，更充分地做好法庭举证及辩论工作，真正让公诉工作变得"全攻全守"，提高办案质量。

2. 辩护律师要切实提高办案沟通的技艺和能力

当我们对《刑事诉讼法》《律师法》《规则》等做适度的延伸时，不难发现，办案中的控辩沟通不仅是案件客观发展之所需，更是辩护人履行辩护职责的重要法定形式。实践中，有的辩护律师对此同样存在认识上的偏差。

有的辩护律师认为沟通没有意义，其仅仅是公诉机关办理案件的一种程序上的要求，有的辩护律师片面理解沟通交流的法定意义，在沟通交流工作中提出不合理、不合法的诉讼要求，甚至要求公诉人抛开案件事实证据，违规对被告人作出从轻、减轻或者不予起诉决定。

以上种种都严重违背了刑辩律师的基本职业操守。对此，刑辩律师必须下决心予以改变。

一方面，我们要树立正确的沟通交流观念，切实把沟通交流作为依法履行辩护职能的重要一环，力争通过沟通交流，传递正确的辩护信息，引发公诉机关对辩护思路、辩护观点、辩护证据的高度重视，解决案件在程序、证据、事实、定性、情节等方面的问题。

另一方面，要做好充分的沟通交流准备，不打无准备之仗。要认真沟通问题，力求言简意赅，鲜明透彻。要紧密围绕辩护工作的核心问题，突出阐述沟通的要点，亮明辩护主题。要明确辩护立场，致力于对公诉工作进行换位思考，巧妙提出问题。坚持循序渐进，让公诉机关能够逐步理解和接受沟通交流的要点，实现沟通交流的目的。

3. 辩护人要特别重视书面沟通的特殊作用

说一千道一万，控辩沟通交流的目的无非是把案件办好，实现公诉职能，达到辩护目的。这当中，法庭之外良好的控辩沟通交流是重要的前提和基础。

实践表明，越是庭前沟通交流做得好的案件，控辩双方对开庭审理工作的准备就越到位，举证就越充分，质证就越有力，案件就会审得更加明白清楚，法官对案件的认知也会更加通透。这样的控辩交流，对控辩双方无疑是一个双赢的局面。所以，从一定意义上讲，审理前的控辩沟通交流在某种程度上决定了案件审理的走向和最终结果。

这当中，辩护人在沟通交流中要特别重视书面沟通的重要作用。实践中，控辩双方的沟通往往时间短、内容多、要求高。虽然法律规定公诉方应当听取辩方意见并做好笔录，但在实际工作中，这些要求往往因繁忙的工作而弱化，仅有的一两次见面或电话沟通，辩护人的意见也难以在公诉人那里留下印象。这种情况下，就凸显了书面沟通交流意见的重要作用。

辩护人在沟通交流中提交书面材料，不仅从形式上体现了对公诉方和辩护工作本身的重视，且在形成完整统一的辩护思路、促成公诉方解决认知问题等方面，也具有其他方式不可替代的重要作用。可以说，在审查起诉阶段一份完整的法律意见对案件辩护工作的重要意义，绝不亚于法庭上的一份义正词严的辩护词。因此，辩护人应当立足于在和公诉方做好当面口头交流的同时，做好书面交流的充分准备，完整系统地提出案件辩护思路，揭示出案件在强制性程序认定、证据效力、定罪定性等方面存在的突出问题，引发公诉机关早重视、真重视，充分发挥出辩护工作在审查起诉阶段的重要效力，力争案件问题通过辩护工作在更早的程序中得到解决。

对小案轻案辩护工作的思考

刑辩工作中，相对于媒体披露的那些犯罪嫌疑人有特殊身份和背景，或者案情在某一方面有重大社会影响，或者引发了较高的社会热度及关注的重、特大刑事案件而言，绝大多数律师代理的绝大多数刑事案件都是些社会关注度较低、影响较小的普通刑事案件。在这些普普通通的刑事案件当中，又有相当大的一部分为犯罪情节轻微、量刑起点较低，办案程序简化，可能对被告人判处管制、拘役等较轻刑罚，甚至决定执行有期徒刑缓刑的刑事案件。本书把这样一些案件称为小案、轻案。

实践中，这些小案轻案往往构成了许多年轻律师或其他非专业刑辩律师的主要刑事办案内容，形成了整个刑辩工作的基础。这些案件往往案"小"事"轻"，事实清楚，情节简单，办案人员的重视程度也远不及其他重特大刑事案件，尤其容易被业内的刑辩"大咖"所忽视，辩护人多为名不见经传的、默默耕耘的"小"律师、年轻律师。实际上，这些案件的辩护质量在某种程度上关乎着刑辩律师的声誉，影响着刑辩工作的发展趋势，甚至关乎着刑辩工作的未来。

一、小案轻案辩护工作的基本特点

1. 案情相对简单，涉罪情节相对轻微

案情相对简单，涉罪情节相对轻微是小案轻案的一个基本特点。案情简单，是指每案通常只有一起或极少起数的犯罪事实，且指控的犯罪过程简单

明了，没有曲折迂回的作案经过，常见的如危险驾驶罪，过失致人死亡罪，数额较小的盗窃罪、诈骗罪，招摇撞骗罪等，涉案事实少、人员少、卷宗材料少。在我们办理的类似案件中，有的交通肇事案，被告人驾车超速，致死一人，有事故责任认定，有现场勘验笔录和视频监控，事实清楚明白，没有争议，案件事实比较简单。

2. 量刑起点较低较轻，被告人认罪认罚

这样的案件因为案情简单，被告人涉罪行为情节较轻，在通常情况下，大多数被告人的认罪态度较好，且愿意走认罪认罚从宽程序。特别是在那些在退赔后获得被害人一方谅解的案件中，很多被告人被宣告缓刑。这些案件相对而言量刑起点较低较轻，轻判的可能性较大。实践中，被判三年以下有期徒刑缓刑的也为数不少，被判处管制、拘役或者一两年短期实刑的，也较为常见。

例如，笔者办理的一起交通肇事案件，一名卡车司机驾车转弯时车速过快，来不及避让，将正在通过路口的一位刚刚退休的男子撞死。在辩护过程中，被告人认罪认罚。经笔者尽心沟通，被告人所在单位及时作出赔偿，得到了被害一方的谅解。最终法院判处被告人有期徒刑两年，缓刑三年。

3. 社会影响力、危害性小，关注度低

区别于具有严重社会危害性，严重影响社会安定稳定的故意杀人、抢劫、强奸、爆炸等直接同居民的生活安全密切相关、容易引发社会居民切身感受的恶性、暴力性犯罪案件，本书所涉及的小案轻案犯罪情节轻微、事实情节简单，多数社会人员对其感触不深，因而其社会影响力、危害性都相对较小。

4. 涉罪人员及亲属盯得紧，期望值高

小案轻案自身固有的特点决定了犯罪嫌疑人、被告人及其亲属普遍对案件的处理结果具有较高的期望值。体现在具体工作中，亲属往往天天紧盯案件，频繁要求会见，要求律师和办案人员积极沟通。有的甚至直接提出"花

钱买平安"，千方百计让辩护人通融关系，以求得涉案犯罪嫌疑人、被告人能够早日出来。一些具有公职身份的人涉案后，尤其关心自己判刑轻重、能否保留原有公职，哪怕有一线希望能够免予追究刑事责任的，也要让辩护人不遗余力地争取免予刑罚。实践中，特别是一些酒后驾车案件的公职人员被告人，对这方面的考虑更多更重。

二、小案轻案辩护工作存在的主要问题

不容否认，在刑辩工作实践中，更多的是小案轻案的辩护工作。相对于那些持续引发社会关注的大案要案，这些小案轻案实际上构成了整个刑辩业务的基础。从某种意义上说，做好小案轻案的辩护工作是做好整个刑辩工作的题中应有之义。

实际工作中，无论是律师事务所还是刑辩律师，都对小案轻案的辩护工作重视不够。就整个律师行业而言，小案轻案的辩护工作都或多或少地存在一些问题，主要表现在以下几点。

1. 工作排不上位

一方面，一些律所，包括个别大的综合律所，在其整体业务设计和发展规划上都没有涉及刑事业务，而是集中于改制上市、企业并购、证券发行、建设工程、房地产等"来钱"的业务。有的律所常年不办理刑事业务，偶尔收办一两起刑事案件，案件的辩护和代理工作也常常被边缘化。

另一方面，有些律所即使经办刑事业务，甚至有些还是专业律所，在具体工作中也偏重于大案要案的开发经办，对小案轻案的重视程度不够。对一般刑事案件或者其他大案要案的辩护往往会安排专业团队，而对小案轻案的辩护工作较为忽视。有的小案轻案即使安排了辩护人，但有的承办律师也不阅卷、不会见，让实习律师或者律师助理代写辩护词，自己出庭应付一下了

事。小案轻案的辩护工作，整体上没有摆上应有的工作台面。

2. 辩护力量薄弱

不少承办刑辩业务的律师事务所，在受理小案轻案的辩护委托后，其主办律师往往并不主办，而是由助理或其他实习律师代办。有的主办律师不仅不会见、不阅卷、不沟通、不写辩护词，甚至开庭之前所有的工作全不介入，只在最后开庭之前，听取前面办案律师的情况介绍，就拿上委托手续去开庭辩护。

实践中，曾有这样的情形。一名被告人，在法庭上公开讲他不认识自己的辩护人，要求原来的律师出庭履职，对当庭辩护人的表现较为不满，台下的家属对辩护人也颇有微词。

3. 辩护词肤浅无力

辩护意见的发表是辩护工作的核心，这一切都通过辩护人凝聚心力而成的辩护词体现出来。但在小案轻案的辩护中，由于辩护人重视不够，或者承办人水平不及，辩护词肤浅无力成为一种较为普遍的现象。有的辩护人不能紧密联系案件实际，无法深入阐述辩护观点；有的辩护人蜻蜓点水，不能触及问题的实质；还有的辩护人只是走走过场，在法庭上说几句对所有案件辩护工作都适用的、不痛不痒的官话，诸如被告人认罪态度好、认罪认罚、初犯偶犯等，辩护工作消极应付，不求有效。特别是一些法院指定辩护人的案件、申请法律援助的案件、多名被告中为排名靠后的被告人辩护的案件，这方面的表现更加明显。

4. 辩护效果不佳

刑辩的根本目标是通过辩护工作，保障有利于犯罪嫌疑人、被告人的涉案事实证据依法得到确认，从而实现从轻、减轻或者免予处罚被告人的目的。实践中，由于小案轻案在工作安排中摆不上位，拿不上台，没有得到应有的重视，从而造成案件辩护的效果不甚理想。

比如，有的案件，本来通过努力辩护可能获得缓刑，却没能如人所愿，让被告判了实刑；有的案件，被告人已经涉罪，本来可以通过认罪认罚、积极退赔，争取较轻的刑罚，但因为辩护方向出现失误，作了无罪辩护，被告人被处以较重的刑罚；还有一些案件，因为辩护结果距离委托人的预期太远而招致投诉，收案律所甚至被要求退款；等等。

笔者曾经代理了这样一起诈骗案件。前面辩护人在代理的过程中，因为对侦查、起诉人员的某些工作方式存在疑问，进而片面地认为案件事实存在问题，意图作无罪辩护。而公诉机关因为和辩护人沟通不畅，初步拟定对被告人的量刑为三年以上有期徒刑。

被告人知情后非常着急，便找到笔者咨询。笔者在听取案情介绍，特别是了解到涉案金额不高，诈骗的基本事实清楚之后，认为被告人已经构成犯罪。如果动员被告人认罪认罚，同时在积极退赔的基础上争取被害人的谅解，案件存在判处缓刑的可能。在接受了被告人亲属委托后，笔者和检察人员沟通，在取得一致意见后，及时为被告人作了认罪认罚从宽的手续。在前期已经退赔全额涉案赃款的情况下，笔者通过公诉人联系到被害人，并在被告人的委托下，对被害人作出相应补偿，从而赢得了被害人的谅解。开庭中，公诉人根据辩护人的意见，提出了对被告人判处三年有期徒刑的量刑建议，同时表示根据被告人的表现，可以考虑对被告人适用缓刑。法庭最终裁判，判处被告人有期徒刑三年，缓刑四年。

三、小案轻案辩护工作的着力点

一个不可否认的事实是，在小案轻案的辩护工作中，虽然就单一案件而言，事实情节简单，量刑起点通常不高，影响也不大，但综观整个刑辩工作，小案轻案数多量大，从这一意义上讲，小案轻案的辩护工作，事关刑辩工作的基础和整体发展，事关刑辩工作者的形象声誉，无论是律所还是律师个人，都轻视不得，马虎不得。

1. 高度重视小案轻案的辩护工作

任何事物的发展都有一个由量变到质变的发展历程，刑辩工作也是如此。试想一下，没有长期的、大量的小案轻案的办案积累，何来大案要案的办案经验？哪一个律师不是经历了从办小案轻案再到逐步接手大案要案的办案过程。古人讲："不积跬步，无以至千里；不积小流，无以成江海。"正是因为有了一件件不起眼、不被人关注的小案轻案的办案经过，才使众多的律师从起初只能作收案登记、作简单的谈话笔录，到能够独立问话，提出辩护思路，直到起草辩护词，逐步成为一名能够独当一面的成熟律师。因此，无论是致力于律所发展，还是提高律师的专业技能，律所和律师个人对于接手的刑事案件，无论大小轻重都应当高度重视、一视同仁，一以贯之地倾注力量和心血，力争把小案办好，轻案办精，不辜负被告人、委托人的期望。

2. 注重从细节处让小案件辩出大作为

每一起刑事案件的发生都有其独特的案件情节和证据，即使同类别案件中再相似的案件，事实证据等方面也存在明显差异。正因如此，这些不同的案件事实和情节也为我们提供了辩护的空间和契机。只要认真开展辩护工作，小案件同样有辩护的"大"作为。

在笔者代理的一起强奸案件中，公安机关以强奸罪立案。在多次会见过程中，犯罪嫌疑人都不承认其有强奸的犯罪事实。笔者经进一步了解，发现犯罪嫌疑人不仅与被害人相识，而且有过两年的恋爱史。案发这天，被害人在街头和犯罪嫌疑人偶然相遇。几句搭讪，被害人便上了嫌疑人的车来到了郊区。

据犯罪嫌疑人交代，二人虽有过分亲密的行为，但未发生关系。在审查起诉阶段，笔者经阅卷发现，被害人报案是在事发两天之后，其间双方还有商议行为，且犯罪嫌疑人已经向被害人一方支付数万元赔偿。特别重要的情节是，作为被害人，女方虽然后来拿出保存的精斑作为报案证据，但在所有笔录中，她不但没有讲到男方对其有强行发生性关系的要求，反而提到男方小气，不肯为其代交房租。据犯罪嫌疑人交代，双方在亲热的过程中，女方提出让其代交房租，事后女方又提及房租一事。针对这样一起存在明显疑问的强奸案件，笔者在阅卷后，经过仔细分析案情和证据，向公诉机关明确提出犯罪嫌疑人不构成强奸犯罪的法律意见。

在进一步的会见中，笔者在和公诉机关沟通后，对犯罪嫌疑人析法明理，动员犯罪嫌疑人以强制猥亵罪认罪认罚，其表示同意。最终，公诉机关以强制猥亵罪提起公诉，并提出了六个月有期徒刑的量刑建议。最终经法院审判，被告人以强制猥亵罪被判处有期徒刑六个月。

3. 充分发挥认罪认罚从宽制度的积极作用

认罪认罚从宽制度兼具了刑事案件中的实体和程序内容，是写入《刑事诉讼法》的、我国刑事司法实践中一项重要的诉讼制度。这一制度自全面推行以来，在节省诉讼资源、提高诉讼效率、维护当事人合法权益、促进社会和谐稳定方面发挥了积极作用。在具体工作中，不少刑辩律师通过着眼于案件实际，积极和当事人及办案人员沟通，引导被告人主动对案件进行认罪认罚，实现了罪轻辩护的最终目的。实践表明，刑辩工作，特别是小案轻案的辩护工作，只要案件事实清楚、定性准确、证据无疑，对被告人实行认罪认罚就是一条方便可用、行之有效的辩护途径，具有其他辩护方法不可比拟的强大作用。在今后一段时期内，坚持适用认罪认罚从宽制度，仍然应当成为小案轻案刑辩工作中不可扭转的坚定方向。

4. 全力做好对被害人的赔偿补偿工作，最大限度地求得谅解

在小案轻案的辩护工作中，庭审法官的态度至关重要。而在案件事实清楚、证据确凿的情况下，法官的裁判心理又往往和被害人一方的态度密切相关。不少具备较轻处刑可能的案件，有时会因为顾虑被害人一方的态度，法官在裁判区间内选择了处罚上限。从这种意义上讲，被害人的态度就是法官裁判意见的晴雨表。因此，对绝大多数小案轻案来说，做好被害人的谅解工作就成了案件能否轻判的重要一环。

笔者曾代理一起涉案金额近 80 万元的诈骗案件。被告人曾某，作为排位第二的被告人，伙同张女诈骗。因曾某长相酷似张女父亲，张女便在偷出其父亲和继母的房本后，请曾某冒充其父亲和其一起出面，将其父亲的房子卖掉，所有款项都被张女挥霍。在这起案件中，辩护人紧紧抓住实行人曾某没有得到赃款、属于从犯这两个情节进行了认真辩护。

在得知张女无力退赔全部款项后，经过和曾某亲属协商，曾某亲属同意代交全部涉案赃款，同时向法官明确表示认缴案件全部罚金。通过这些行动，拿回全部损失的被害人一方对曾某表示充分谅解，亲笔书写了要求法院不追究其刑事责任的谅解书。经过上述卓有成效的辩护工作，特别是在曾某全部交付涉案赃款，并提前认缴罚金后，法院综合考虑全案情节，在认定曾某为从犯的同时，对其决定减轻处罚，最终判处有期徒刑三年，缓刑五年。

注重发挥刑事和解工作的特殊辩护效用

对于当事人进行和解的刑事案件,《刑事诉讼法》第五编第二章、《最高人民法院关于适用〈中华人民共和国刑事诉讼法〉的解释》(以下简称《解释》)第二十三章等相关的法律法规及政策都专门进行了规定。在司法实践中,对于犯罪事实已经清楚,证据确实充分,量刑情节基本固定不变的刑事案件,当事人之间如果能够达成和解,对被告人从轻、减轻或者免除判处刑罚,往往有着特殊的、其他任何措施都不能替代的重要作用。因此,在具体辩护工作中,辩护律师应当注重和把握相关案件是否存在刑事和解的可能。对于有条件和解的案件,在履行辩护职能过程中,辩护律师应当尽最大努力发挥好和解的桥梁和纽带作用,促成涉案当事人达成和解,以推动刑辩工作更加富有成效。

一、准确理解刑事和解的法律内涵,把握相应案件的适用条件

所谓刑事和解,又称加害人与被害人的和解,是指在刑事犯罪案件发生后,在调解人的帮助下,加害人一方和被害人一方进行直接接触和交谈,正视犯罪行为给被害人带来的伤害,然后双方达成协议,最终解决刑事纠纷。

和解的目的在于恢复被加害人破坏的社会关系,弥补被害人所受到的损害,并使加害人悔过自新,回归社会。其核心理念是保护被害人的利益,并以其对被害人、加害人及公共利益的全面保护为基本内涵,实现以较小的司法资源耗费,获得较理想的社会和谐度指标。

　　从我国的司法实践看，开展刑事和解工作有利于被害人的利益保障，有利于保护被追诉人员的人权，有利于节约司法资源，提高刑事诉讼效率，更有利于推行宽严相济的刑事政策，全面促进构建和谐社会。从这些意义上讲，做好刑事案件的和解工作，应当成为每一位刑辩律师的必修课程。

　　在具体办案工作中，刑事案件的和解工作绝不是涉案双方当事人口头谈好，再签个书面协议那么简单，我们应当注意从以下几个方面把握好适用刑事和解的具体条件。

　　1. 加害方的行为已经构成犯罪，且需要追究其刑事责任

　　我们必须明确的是，对刑事和解所涉案件，无论是从专业办案角度还是从涉案当事人各方的朴素认知，都可以明确得出加害人行为已经构成犯罪，需要追究其刑事责任这一基本结论。所谓刑事和解是指在对加害人构成犯罪达成认知一致情况下的和解。如果加害方行为是一般违法行为，或者是较严重的违法乱纪行为，比如实践中，有些加害行为虽具有一定的社会危害性，但其情节并没有达到犯罪标准，仅需要依照《治安管理处罚法》或其他法律法规予以制裁，无需追究其刑事责任，也就不存在刑事和解的问题。

　　2. 符合刑事诉讼明确规定的适用案件范围

　　实践中，虽然适用刑事和解的案件范围相当广泛，但并非所有刑事案件都可以适用刑事和解制度。具体操作应当严格按照《刑事诉讼法》第二百八十八条之规定，只能适用于因民间纠纷引起，涉嫌刑法分则第四章、第五章规定的犯罪案件，可能判处三年以下有期徒刑的案件，以及除渎职犯罪以外的可能判处七年有期徒刑以下刑罚的过失犯罪案件。尤其应当注意，犯罪嫌疑人、被告人在五年以内曾经故意犯罪的，不适用当事人和解的诉讼程序。

　　3. 涉案当事人各方完全自愿，符合当事人各方利益

　　从某种意义上讲，刑事和解实际上是涉案当事人各方，包括加害人、受害人、办案机关三方当事人，在法律允许的框架范围内寻求各方均能获得最大利益的可能，是一种各方合法利益的平衡。加害方因为和解，可以获得从轻、减轻、免除刑罚，甚至不起诉的可能；受害方因为和解，在心理、精神和物质上都获得了一定程度的赔偿或补偿，从而达到对加害方的谅解；而对办案机关而言，和解不仅可以节省诉讼资源，还可以提高诉讼效益，更好地达到案结事了，实现社会和谐稳定，保证法律正确实施。基于这些因素，刑事和解必须要求涉案当事人各方完全自愿，不得违背意愿，更不能强制和解。

4. 符合相关的刑事政策和法律规定

单纯从字面上看，虽然和解包含着某种"私法"成分的存在，但在具体实践中，一起案件的刑事和解必须符合相关的刑事政策和法律规定，绝不能突破法律政策界限。早在 2007 年 1 月 5 日，《最高人民检察院关于印发〈最高人民检察院关于在检察工作中贯彻宽严相济刑事司法政策的若干意见〉的通知》第十二条就明确规定："……对于轻微刑事案件中犯罪嫌疑人认罪悔过、赔礼道歉、积极赔偿损失并得到被害人谅解或者双方达成和解并切实履行，社会危害性不大的，可以依法不予逮捕或者不起诉。确需提起公诉的，可以依法向人民法院提出从宽处理的意见……"2011 年 1 月，《最高人民检察院关于印发〈最高人民检察院关于办理当事人达成和解的轻微刑事案件的若干意见〉的通知》对刑事和解的指导思想、基本原则、适用范围和条件、当事人和解的内容、途径等进行了规范。不仅如此，刑事和解作为刑事司法实践的一项重要活动，在《刑法》总则、《刑事诉讼法》相关篇章中都有明确规范。上述内容，正是办理刑事和解工作应当遵循的法律政策规范。唯其如此，才能让刑事和解工作在司法实践中发挥出最大的执法效益。

二、着眼于刑事和解案件具体特点，把握好办理和解的具体时机

办理刑事和解工作，简单看来似乎就是加害人出钱了事。这种认知本身

就背离了刑事和解这一重要法律制度固有的法律基础和法治精神。需要说明的是，在具体实践中，一定要坚持刑事和解的自愿性，坚持涉案各方利益的平衡性，坚持和解的合法性和适度性。

从维护法治严肃性方面而言，刑事和解的合法性和适度性尤其重要。具体来说，就是我们在办理刑事和解工作中，决不能违背法律原则和基本精神，不能与现行法律法规相抵触。要防止两种错误倾向，一种是认为刑事和解无所谓、无足轻重，在具体涉案和解问题上随意性强，想和解就和解，想不和解就不和解，行无定数，无所遵从。另一种是片面地强化或者夸大刑事和解的办案效果，甚至认为和解是解决刑事案件的万灵之药，在适用刑事和解时不顾案件特点，无条件、无限度地适用刑事和解程序。这两种错误倾向违背了我国法律设立刑事和解制度的本心和初衷。

因此，在辩护实践中，辩护人一定要牢记刑事和解工作的基本原则、基本条件，着眼于拟和解案件的具体特点，全面衡量案件各方面情况，在具备和解条件的前提下，努力做好刑事和解工作，在为委托人谋取利益最大化的同时，也为涉案其他当事人谋得利益平衡。只有这样，刑事和解工作才能日益步入良性循环。相反，那种不顾案件特点，一味为追求己方利益最大化而脱离案件实际的刑事和解，并非真正法治意义上的刑事和解。

三、发挥好办案机关的职能作用，努力提高刑事和解的成效

刑事和解工作，是一项艰苦细致，需要很强耐心的法律专业性工作。许多案件的成功和解离不开办案机关良好职能作用的发挥。从办案实践看，如果没有办案机关尽心竭力地履行办案职能，忠于职业操守，依法维护涉案人员的合法权益，不仅无法保证法律的正确实施，也无法保证刑事和解工作的顺利开展。

在实际工作中，因为种种原因，有些案件的被害人对加害人常常怀有很深的怨气、怒气，甚至是仇恨，在案发之初就表示不愿进行和解；有些案件的被害人在事发后极度伤心痛苦，尤其在案件全部交付办案机关后，其本人不愿再触及案情和当事人，对和解问题既无兴趣，也不关心；还有一些案件，案情后果不太严重，但被害人出于出气和报复之心，不愿意进行和解。

刑事和解工作面临的上述诸种情况，如果加害方试图得到较轻甚至免予刑罚，没有办案机关从中协调并且积极发挥职能作用，进行引导劝慰，相关刑事和解的路可能无法通行。因此，相关案件的辩护人对需要进行刑事和解的受托案件一定要积极依靠办案机关，学会借势用力，在法律允许的范围内积极促成刑事和解工作，以期案件得到理想的处理结果。

高质量做好涉黑案件的辩护工作

根据党中央、国务院的统一部署，自 2018 年 1 月起，一场声势浩大的扫黑除恶专项斗争在全国深入展开。随着斗争的不断深入，许多黑恶势力团伙相继瓦解，社会生活整体秩序更加和谐稳定。与此同时，随着斗争进入收官阶段，许多案件进入法院审理程序，涉黑案件的刑辩工作也日益突出地摆在刑辩律师面前。相对于普通的刑事案件，涉黑案件的刑辩工作往往具有时间紧、案卷多、罪名繁、任务重、证据存在瑕疵、辩护难度大等特点。那么，如何面对涉黑案件辩护工作的艰难挑战，力争让辩护工作更有成效呢？结合具体的辩护工作实践，笔者认为应当把握处理好四个方面的问题。

一、严格把握个罪入黑的标准问题

众所周知，黑社会性质组织犯罪是对多个具体犯罪主体所犯多种个罪进行的抽象、总结和概括。之所以将多种个罪概括抽象为黑社会组织犯罪，一个根本的原因是这些个罪具备了法律规定的黑社会性质组织犯罪的特征要求。也就是说，这些个罪整体上和某个黑社会性质组织产生了一定的、法律意义上的关联。这种关联突出地表现在犯罪行为为这个组织的组织者、领导者所明知或事后认可，或者是行为本身是以组织名义实施，这是个罪入黑的基本前提。

实践中，有些公诉机关的涉黑指控的个罪本身系完全基于行为人个人因素而起，实施的具体犯罪行为事先不为"组织"所知悉，事后也未为"组织"所认可，更不是以所谓的"组织"名义来实施，这显然不能作为涉黑犯罪的构成要件。

在笔者担任辩护工作的李某某组织领导黑社会性质组织罪一案中，被公诉机关用来作为"组织"成立标志性事件的李某某赴药业公司寻衅滋事一案，起因是李某某之子被药厂负责人的亲属打成重伤，李某某厂内有部分员工聚集到某药业公司门前，要求对方给个说法。李某某得知后，在他人的陪同下赴药业公司找相关领导沟通协调，以求得问题解决。

其间，虽然李某某对药业公司负责人有推搡动作，但也仅为情绪急躁所致，并非为暴力殴打或以暴力相威胁。个罪指控在没有确实充分证据证明李某某有暴力或其他暴力威胁的前提下，不能认定为其构成寻衅滋事犯罪行为，更不应当将其作为黑社会性质组织成立的标志性事件，更何况案卷中还有其他对李某某有利的相反证据。

类似事件，如果作为黑社会性质组织的其他组织者和领导者事先事后均不知晓犯罪行为，也没有任何认可和参与行为的话，不仅不能作为黑社会性质组织犯罪，更不能作为标志性事件。这些都是游离于所谓组织之外的犯罪，根本不具备成为黑社会犯罪的条件。如果将犯罪行为作为黑社会性质组织犯罪加以认定，组织者、领导者必须对这一个犯罪行为真知全知，且应当以积极的行为去追求犯罪结果发生，否则就达不到认定黑社会组织犯罪所要求的"明知"的主观要求。

二、理直气壮地对涉黑犯罪指控的拔高凑数问题提出异议

在实践当中，涉黑犯罪集团往往人多势众，少则十几人、几十人，多则一两百人。有些涉黑案件，在被指控的众多被告人当中，不仅有年长的退休人员、长期患病的病号，还有与涉案被告相关的一般家政服务人员、学校老师，甚至还有和犯罪集团没有任何经济关系的相关社会人员。他们往往是因为去了一次现场，参加了一次聚会，打了一个电话，携带了一两件物品，讲了一两句不该助威的话，甚至是不知情地跟着走了一遭，就被指控为黑社会犯罪组织的成员，甚至是骨干、积极参加者。最高人民法院、最高人民检察院、公安部、司法部的指导性文件始终强调要严格指控标准，并且反复强调办理涉黑案件要尊重事实和法律，那么像上面这样的人被定义为黑社会性质组织的成员显然有拔高凑数之嫌。对此，辩护人必须清楚明白地在辩护工作中提出否定性辩护意见。

三、准确认定涉黑犯罪的轻重情节

涉黑案件中，公诉机关在起诉书和公诉发言中，大多习惯性地、不止一

次地用"恶名初显""对抗政府""严重破坏""极其残忍"等表明事物性状和程度的词语来阐述涉案犯罪情节之严重。

辩护人必须明白，有时候，法庭控诉的慷慨陈词并不能给合议庭提供清晰明白的案件答案。对此，辩护人必须依法明理、言清事实、列出真相，让合议庭更多地了解案件背景，对案件事实作出科学全面的综合性评判。

四、要把办理案件的政治要求和法律标准统一起来

毫无疑问，扫黑除恶专项斗争对我国的经济和社会发展具有重要意义。为做好这项工作，作为法律共同体的一员，全体辩护人都责无旁贷。

在实际工作和具体办案中，我们切不可因为讲政治和提高政治标准而偏废或忽视法律标准，绝不能把政治要求和法律规定搞成"两张皮"，更不能对立起来。我们知道，党制定了扫黑除恶的一系列大政方针，同时党也领导国家权力机关制定了宪法和法律。在扫黑除恶专项斗争中，讲政治和讲法律并不矛盾，本质上是统一的。从这一意义上讲，讲政治、严格政治标准，体现在具体的办案当中就是要坚持严格依法办案，遵守法定程序，坚决做到证据确实充分。从这一意义上讲，严格按照法律规定的程序要求和证据标准，办出一件件铁案，就是在讲政治。绝不能因为严格政治要求而降低法律标准，也不能因为单纯强调法律标准而忽视政治因素，这是二者的辩证统一。以这样的政治和法律思维来代理涉黑案件的辩护工作，一定能富有成效。作为法律共同体的重要成员，我们坚信国家公诉机关、合议庭所代表的国家审判机关，一定会严格遵循办案规律，严格遵循证据规则，真正把每一起涉黑案件办成事实明白清楚、证据确实充分、判决公平公正，经得起时间和历史检验的案件。

严格把握涉黑案件的辩护关键

在扫黑除恶专项斗争中，广大刑辩律师作为依法办案的重要力量，积极主动作为，精心组织辩护，忠实履行辩护职能，对保证斗争健康发展，依法维护被告人的合法权益，保证法律的正确实施，发挥了不可替代的重要作用。

一、强化风险防范意识，坚持依法行使辩护权利

在刑事诉讼过程中，辩护人作为替"坏人"说话的一方，其风险性一直存在。虽然《刑事诉讼法》《律师法》等相关的法律明确规定了"律师在执业活动中的人身权利不受侵犯""律师在法庭上发表的代理、辩护意见不受法律追究"，但在司法实践中，危及律师执业安全的事件仍然时有发生。扫黑除恶专项斗争是根据党中央、国务院的战略部署开展的重大政治行动，事关社会大局稳定和国家长治久安，事关人心向背和基层政权巩固。因此，涉黑案件的政治性、政策性都很强，对公检法机关的办案人员和辩护律师，也提出了更高的政治和组织纪律要求。责任越大，风险越高，律师作为辩护人在办理该类案件时同样具有很高的风险。

根据法律规定，辩护人的职责是根据事实和法律提出被告人、犯罪嫌疑人无罪、罪轻或者减轻、免除其刑事责任的材料和意见，维护被告人、犯罪嫌疑人的诉讼权利和其他合法权益。要想履行好这一职责，辩护律师首先要确保自身的安全。没有自身的安全，根本谈不上为涉案的犯罪嫌疑人、被告人进行辩护，更谈不上履行好辩护职责。

因此，在代理黑社会性质组织犯罪案件辩护工作中，辩护律师必须强化自身风险防范意识。严格遵守《刑事诉讼法》《律师法》中关于律师执业办案的强制性法律规定，特别是不得私下接受委托和收受钱物，不得恶意串通损害委托人利益，不得采取非正当手段和办案人员交往，不得提供或引诱他人提供虚假证据，不得违反利益冲突规定进行违规代理等规定。

如何有效抵御黑社会性质组织犯罪案件代理风险、保障辩护安全，《最高人民法院、最高人民检察院、公安部、司法部印发〈关于办理黑恶势力犯罪案件若干问题的指导意见〉的通知》第三十二条就律师如何代理黑社会性质组织犯罪案件的辩护工作，作出了明确规定："司法行政机关应当加强对律师办理黑社会性质组织犯罪案件辩护代理工作的指导监督，指导律师事务所建立健全律师办理黑社会性质组织犯罪案件的请示报告、集体研究和检查督导制度。办案机关应当依法保障律师各项诉讼权利，为律师履行辩护代理职责提供便利，防止因妨碍辩护律师依法履行职责，对案件办理带来影响。对黑恶势力犯罪案件开庭审理时，人民法院应当通知对辩护律师所属事务所具有监督管理权限的司法行政机关派员旁听……"

实践中，各地司法行政机关和律师协会，都结合本地代理上述案件的实际，研究制定了落实上述规定的具体制度和细则。这些规定制度是开展黑社会性质组织犯罪案件刑事辩护，保障自身安全，正确履行职责的"法宝"，代理律师一定要从讲政治的高度严格遵守。

不仅如此，在具体代理案件的过程中，作为辩护律师，我们还应当身体力行，严格遵循下列规定：严禁违反法律政策规定进行会见；严禁以串联组团，联署签名，发表公开信，组织网上聚集、声援等方式向办案机关施加压力；严禁借个案研讨之名制造舆论压力，攻击诋毁司法机关和司法制度，干扰正常诉讼活动；严禁煽动、教唆和组织当事人或者其他人员到司法机关或者其他国家机关静坐、举牌、拉横幅、喊口号，扰乱公共秩序，危害公共安全；严禁违反规定披露、散布不公开审理案件的信息、材料，或者在办案中获得的重要案件信息、证据材料。

只有强化自身安全意识，严格遵守法律制度规定，才能实施有效的辩护和代理，实现维护犯罪嫌疑人、被告人合法权益的初衷。

二、忠实于案件的事实真相，坚持按证据标准辩护

对刑事案件而言，定罪与否，罪行轻重，其最终结果都植根于案件本身的事实和证据。一切脱离案件事实证据的审判和辩护都是无源之水，无本之木，经不起时间和历史的考验。

扫黑除恶专项斗争是一场政治性很强的专项斗争。以往经验和现实的实践表明，在办理黑社会性质组织犯罪案件的过程中，不能排除有的单位的个别办案人员为了突出政治成效、彰显办案成果、提高办案效率，或急于求成、拔高凑数、生拉硬拽，拼凑案件数量和指标，从而人为地降低了定罪量刑的事实和证据标准。有的办案人员把一般的团伙犯罪、多次实施的普通刑事犯罪，上升为黑社会性质组织犯罪；有的办案人员把一般性的恶势力犯罪，拔高为黑社会性质组织犯罪；有的办案人员把简单的普通刑事犯罪认定为恶势力犯罪。他们在确定犯罪成员的身份地位时，片面追求从严从重，把积极参与者划入首犯、主犯或组织者，把一般参与者归类为积极参与者，把仅参与一般性违法行为的人员认定为参与黑社会性质犯罪的人员；更有甚者，他们把不同时期涉案人员犯下的普通个罪简单相加，不顾案件之间事实和成员之间的法定内在联系，简单归入黑社会性质组织犯罪；等等，扩大了打击面，人为增加了黑社会性质组织犯罪的人员和数量。这些现象虽然个别存在，但影响极坏，也背离了依法开展扫黑除恶专项斗争的办案初衷。其根本原因在于办案人员没能严格依照《刑事诉讼法》规定的"以事实为依据，以法律为

准绳"的基本法律原则开展办案工作。

因此，在开展黑社会性质组织犯罪案件的辩护工作时，律师一定要严格遵循《刑事诉讼法》确定的证据原则，严循事实证据。

所谓遵循法定证据原则，严格证据标准，在具体工作中就是要在认定事实和审查判断证据时，看证据收集和来源是否合法，看证据内容是否能够与其他证据相互印证，看证据事实是否与案件事实有着本质意义上的关联。要坚持重证据、重调查研究，不轻信口供的刑事诉讼基本原则，对于收集程序和内容违法的证据，要敢于启动非法证据排除程序，尽全力保证非法证据不为定案所用。

《刑事诉讼法》第五十五条对刑事案件定罪证据确实充分的标准作出了明确规定：一是定罪量刑的事实都有证据证明；二是据以定案的证据均经法定程序查证属实；三是综合全案证据，对所认定事实已排除合理怀疑。对于这些辩护工作的事实和证据标准，刑辩律师在代理辩护工作时，特别是在代理黑社会性质组织犯罪案件时，一定要坚持到底，绝不让步，绝不能因为案件发生在特殊时期，有特殊背景，而忽视或放弃辩护工作的法定原则。要做遵循事实和证据规则的"坚定派"，不做随风摇摆的"骑墙派"。

三、切实把握案件特点，确保辩护工作富有成效

刑辩的根本目的在于维护犯罪嫌疑人、被告人的诉讼权利和其他合法权益。实践中，每一起案件都有各自的不同情况和特点，具体到黑社会性质组织犯罪案件，则又与其他普通刑事案件有着许多不同。一方面，黑社会性质组织犯罪案件是有组织犯罪，而且是有组织犯罪中最明显的一种犯罪。另一方面，黑社会性质组织犯罪的成立，立足于不同的具体个罪行为，是独立和抽象于每个具体个罪之上的一种犯罪行为和犯罪形态。

这一特征使该类犯罪案件具有一种归纳、综合性犯罪形态。相应地，相关的黑社会性质组织犯罪案件的辩护工作必须着眼于上述案件特征，实施有针对性的辩护。

要切实明确案件的本质特征。根据《刑事诉讼法》和相关司法解释，如果一种犯罪形态能够被称为黑社会性质组织犯罪，其必须具有如下特征：一是组织特征，即形成较稳定的犯罪组织，人数较多，有明确的组织者、领导者，骨干成员基本固定。二是经济特征，即有组织地通过违法犯罪活动或者其他手段获取经济利益，具有一定的经济实力，以支持该组织的活动。三是行为特征，即以暴力、威胁或者其他手段，有组织地多次进行违法犯罪活动，为非作恶，欺压、残害群众。四是危害性特征，即通过实施违法犯罪活动，或者利用国家工作人员的包庇或者纵容称霸一方，在一定区域或行业内形成非法控制或者重大影响，严重破坏经济、社会生活秩序。着眼于这些法定特征，要实现辩护目的，辩护律师一定要结合具体案件，认真审查判断，拿出切实可行的辩护意见。

特别需要明确的是，黑社会性质组织犯罪作为有组织犯罪中的一种，组织特征是其根本特征。面对具体的黑社会性质组织犯罪案件，组织特征中一个最明显的特征就是涉案的个罪必须以组织名义实施，或者为组织成员，特别是组织中的组织者、领导者所知情，缺少这一环节，全案的组织特征就不具备，对该个罪行为就不能以涉黑犯罪中的个罪来定案。如果每一具体个罪都不为组织成员中的组织者、领导者所知悉，或者不是以组织名义实施，那么全案就不应该认定为黑社会性质组织犯罪。

实践中，一起黑社会性质组织犯罪案件有时关联着十几起或几十起单独个罪。对此，辩护人一定要从每一个案件的具体情况出发，细致阅卷、严格审查，对不构成犯罪的，一定要及时在审查起诉阶段提出法律意见。

要知道，黑社会性质组织犯罪认定的基础在于个罪，特别是不同个罪之间的组织关联。通过辩护工作，去掉一个个罪就是抽掉了一处不同个罪之间的关联，动摇的是整个黑社会性质组织犯罪的组织基础。去掉的个罪越多，形成黑社会性质组织犯罪的组织特征的证据链就越有可能断裂，整个辩护工作就越有成效。

四、明确辩护工作的政治内涵，做到讲政治和讲法律的辩证统一

开展扫黑除恶专项斗争，是党中央和国务院的重大决策部署。作为党统一领导的广大律师成员，辩护律师一定要牢记使命，牢记案件代理工作的政治责任和政治要求，把维护大局和政治稳定放在首位，从讲政治的高度，百倍认真地做好黑社会性质组织犯罪案件的各项代理工作。开展黑社会性质组织犯罪案件的代理工作，依法代理、依法辩护，本身就是在政治上、法律上贯彻党中央、国务院的决策部署，是讲政治和讲法律的统一。从这个意义上说，辩护律师要讲政治，首要一条就是要严格依法办案，依法律政策履职，这本身就是讲政治和讲法律的辩证统一。

实践中，任何人在任何时候，都不要把讲政治和讲法律割裂，甚至对立起来。在代理工作中，辩护律师要像其他政法机关工作人员一样，严格遵照和落实党中央、国务院的一系列决策部署，明确政策法律界限，统一执法思想，加强协调配合，做到既坚持严厉打击各种黑恶势力违法犯罪，又坚持严格依法办案，确保办案质量和办案效果的统一，确保政治效果、法律效果和社会效果的统一。要严格贯彻宽严相济的刑事政策，对黑社会性质组织犯罪的组织者、领导者、骨干成员及其"保护伞"要贯彻依法从严惩处的精神，对犯罪情节较轻的其他参加人员要坚决依法从轻、减轻处罚。要主动适应以审判为中心的刑事诉讼制度改革，切实把好案件的事实关、证据关、程序关和法律适用关，严禁刑讯逼供，防止冤假错案，确保把每一起案件都办成铁案。

辩护律师要切实通过落实党中央和国务院的决策部署，体现出讲政治和讲法律的辩证统一，努力使辩护工作取得成效。

刑辩工作中的认罪认罚从宽问题

认罪认罚从宽制度，是我国《刑事诉讼法》中规定的贯彻宽严相济刑事政策的一项十分重要的诉讼制度。应该说，这项制度的实施对实现刑事案件审理工作的繁简分流、简案快审、难案精审，提高刑事诉讼效率，节省司法诉讼资源，提高办案质量，促进社会和谐稳定等方面，都发挥了十分重要的作用。

和许多新的制度一样，认罪认罚从宽作为一项新的法律制度，实践中也存在一些问题，并且不同程度地影响了这项制度应有的预期实施效果。这些问题需要我们在今后的实践中认真加以研究解决，以期让这项制度在刑事诉讼实践中更好地发挥积极作用。

一、当前认罪认罚从宽制度落实工作中的主要问题

1. 告知工作简单草率、流于形式，犯罪嫌疑人、被告人对相关内容一知半解

认罪认罚从宽制度经过不断试点实践、认真总结推广，已经成为贯穿刑事诉讼侦查、起诉、审判三个基本诉讼阶段的重要法定内容。《刑事诉讼法》第十五条、第一百七十三条、第一百七十四条、第二百零一条等，对公检法三个机关在不同诉讼阶段如何落实好这一制度，让嫌疑人、被告人清楚地明

白制度内涵分别作出了明确具体的法律规定。

实践中，这些规定在某些办案人员的手中，往往只体现为一份笔录、一纸具结书，或者法庭上几句简单的问话和提醒。有的犯罪嫌疑人、被告人直到拿到了判决书，对认罪认罚相关的内容还是稀里糊涂，不明就里。当初办案人员一句"签字吧，签了对你肯定有好处"，就等于在程序上完结了认罪认罚的整个过程。

2. 犯罪嫌疑人、被告人的认罪认罚并非出于真实、自愿，而是出于侥幸、害怕，甚至出于投机、从众等多种复杂心理，对认罪认罚的法定条件缺乏足够认知

比如，陈某掩饰隐瞒犯罪所得案，陈某由于使用了犯有组织领导传销活动罪的弟弟的赃款，被认定为犯罪，一直取保候审。在侦查阶段，陈某为了让其弟弟的刑罚从轻，承认自己帮助弟弟转移赃款，承诺还款，并做了认罪认罚。开庭时，陈某据实陈述相关款项是其弟弟的股东出资，便被取消了认罪认罚，面临比其弟弟还重的实刑有期徒刑。

3. 实施认罪认罚的法律后果非如人愿，主要表现为相关案件量刑过重，甚至远远超出相对人的预期

比如，一起交通肇事案件，肇事者酒后驾车，撞死人逃逸，后来自首，赔偿死者亲属 140 万元，得到死者亲属谅解。一审中检察机关建议判处肇事者三年有期徒刑，缓期四年执行，但法院仍判了三年实刑。后检察机关以量刑过重为由提出抗诉，案件又被二审法院判为三年零六个月有期徒刑。

4. 把被害人是否谅解作为附加条件，对认罪认罚者没有体现从宽

比如，某法院审理的王某红、王某萍、乔某娜等人非法吸收公众存款案。所有人涉案金额都在 50 万元以下，开庭前后都采取了取保候审措施，并且签署了认罪认罚具结书，上缴了非法所得。其中，乔某娜涉案金额 27 万元，全部退赔，还有自首情节，当庭表示愿意预交罚金。辩护人提出了判处缓刑的

辩护意见，公诉人也都同意辩护人的相关意见，但最后法院仅因为有几个当事人抗议，就将被告人全部判处三年以上有期徒刑的实刑。

这些问题的存在，从一定程度上影响了认罪认罚从宽制度的正确实施，有的甚至干扰了正常的诉讼程序，对公诉和辩护工作的后果都造成了一定程度的不良影响，背离了设立和实施这一诉讼制度的良好初衷。

解决好这些问题，确实让这一制度在刑事诉讼过程中发挥出应有的积极作用，真正达到让参与诉讼的各个主体都能受益。

二、公诉方和辩护人在认罪认罚刑事案件中的注意事项

1. 切实严格执法，严格落实和维护认罪认罚从宽的法律制度

公诉方要认真履行工作职责，维护法律尊严，杜绝简单化、走过场、怕麻烦等错误的执法观念。公安机关、检察人员、辩护律师，是实施认罪认罚从宽制度的重要基础。从涉入案件开始，他们就应当从不同角度，明确各自在这一诉讼活动中的法律定位，明确向犯罪嫌疑人、被告人讲清认罪认罚从轻制度的法律含义，切实履行好自身在办案工作中的职责。

2. 严格把控认罪认罚从宽制度的法定条件，切实保证相应案件的办案质量

这当中主要包括两个方面：一方面，公诉机关、公诉人员作为落实认罪认罚从宽制度的主导一方，应当准确认定案件事实，不能为了数量达标而简化工作，或者利用公权力的优势把认罪认罚从宽制度这一严格的法律制度简单化，降低对案件证据的审查判断标准，甚至把量刑建议作为迫使犯罪嫌疑人、被告人违心接受认罪认罚的条件，作为自愿签署具结书的一种要挟。

另一方面，作为辩护人，值班律师和法律援助律师，一定要本着敬业负责的精神对待案件，坚持职业操守，熟知案件事实，准确把握全案证据，做

到全面、深入、细致地和公诉机关进行沟通，把住签署认罪认罚具结书的质量关口，切实把认罪认罚和签署具结书的各项基础工作做扎实、做牢靠。

比如，某律师办理的一起法律援助案件，虽然被告人在值班律师的见证下签署了认罪认罚具结书，但承办律师接手后，发现起诉书指控的事实与被告人认知的事实根本不符，起诉书把被告人从普通员工指控为老板。后经律师反复沟通，法院在不适用认罪认罚的情况下，突破公诉机关原认罪认罚三年零六个月的量刑建议，判了两年零三个月的有期徒刑。

3. 审判机关要提高站位，从更高的审判视角看待和审理认罪认罚相关案件

要准确理解《刑事诉讼法》第二百零一条中关于"一般应当采纳人民检察院指控的罪名和量刑建议"的内涵，坚决防止机械和片面地理解和执行。特别要明确理解不采纳人民检察院量刑建议的五种法定情形，包括被告人的行为不构成犯罪或者不应当追究其刑事责任的，被告人违背意愿认罪认罚的，被告人否认指控的犯罪事实的，起诉指控的罪名与审理认定的罪名不一致的，其他可能影响公正审判的情形。

同时，还应当明确，人民法院经审理认为量刑建议明显不当，或者被告人、辩护人对量刑建议提出异议的，人民检察院可以调整量刑建议；人民检察院对量刑建议不予以调整或调整后仍然明显不当的，人民法院应当依法作出判决。人民法院要切实通过对认罪认罚从宽案件的审理，体现和维护以审判为核心的刑事诉讼审判制度，维护公平正义，维护法律尊严。

此外，要切实防止将取得被害人的谅解作为衡量和适用认罪认罚制度的标准，从而作出违背认罪认罚真实法律内涵的裁判。在裁判认罪认罚案件时，还要正确看待对被告人适用罚金的问题。

尤其是对待法律援助案件，更应当客观地看待认罚中的罚金问题，防止简单片面地以能否交付罚金作为裁判的重要标准，从而作出与认罪认罚精神相背离的错误裁判。比如，有的法律援助案件，被告人连律师费都交不起，连基本诉讼权利的保障都需要政府出资提供帮助。因此，对其判处罚金，只能作为法律上的一种象征性惩罚。这样的案件如果符合规定，也应当按照认罪认罚的法律适用条件予以审理和裁判。

监察机关的调查权透视

2018 年 3 月 20 日，第十三届全国人民代表大会第一次会议通过了《监察法》；2021 年 7 月 20 日，经国家监察委员会全体会议决定，《监察法实施条例》于 2021 年 9 月 20 日起施行。

为适应这种变革的发展需要，基于对国家公职人员的权力监督和反腐败工作的迫切需求，国家对公职人员涉嫌犯罪案件的查处较之过去单纯依靠《刑事诉讼法》进行管辖分工查办，继而追究刑事责任的模式发生了很大变化，形成了公职人员职务犯罪以监察机关管辖为主、检察机关管辖为辅，其他相关机关予以配合的新的案件管辖查办格局。由此，也出现了案件的监察调查和检察起诉、刑事审判等刑事诉讼等相关环节的衔接关联。

一、公职人员犯罪案件监察调查权的普遍性和权威性

《监察法》第三条规定："各级监察委员会是行使国家监察职能的专责机关，依照本法对所有行使公权力的公职人员（以下称公职人员）进行监察，调查职务违法和职务犯罪，开展廉政建设和反腐败工作，维护宪法和法律的尊严。"在此基础上，《监察法实施条例》第四十五条到第五十三条，按照管理权限与属地管辖相结合，实行分级负责制的原则，将 101 种国家公职人员

的职务犯罪管辖权予以明确。此后，作为对前述立法中案件管辖的补充和完善，2018 年 10 月 26 日修正的《刑事诉讼法》第十九条第二款又规定："人民检察院在对诉讼活动实行法律监督中发现的司法工作人员利用职权实施的非法拘禁、刑讯逼供、非法搜查等侵犯公民权利、损害司法公正的犯罪，可以由人民检察院立案侦查。对于公安机关管辖的国家机关工作人员利用职权实施的重大犯罪案件，需要由人民检察院直接受理的时候，经省级以上人民检察院决定，可以由人民检察院立案侦查。"从上述法律规定中，我们可以明显地看出在公职人员犯罪管辖方面，监察调查管辖的普遍性和绝对化特点。

1. 监察机关的调查管辖常态化，检察机关的少数立案侦查特殊化

监察机关的设置和权力源头，均来自 2018 年 3 月全国人民代表大会修正后颁布的《宪法》。基于此，监察机关才拥有统揽职务违法与职务犯罪的调查权。对于职务犯罪案件，均应由监察机关负责调查。

这种案件管辖的常态化和普遍性，可以从监察机关直接管辖的公职人员犯罪案件达 101 种，而检察机关可以直接立案侦查的案件只有 14 种且仅限于司法工作人员这一单一主体看出。需要说明的是，虽然《监察法》和《刑事诉讼法》的立法目的不同，在 2018 年 10 月修正的《刑事诉讼法》中，补充完善了人民检察院对上述少数司法人员职务犯罪的法律监督权限，使检察机关在查办 14 种司法工作人员职务犯罪方面的侦查具有优先性，但从法律条文规定中的"可以"管辖这一字眼，仍然能够看出这种管辖并非必然和绝对的，而是具有选择性，并没有完全排除监察机关对这 14 种案件实施管辖的可能。对此，《监察法实施条例》第五十二条对监察机关明确授权，同时规定如果监察机关对上述 14 种案件实施管辖，只需通报同级人民检察院即可。

不仅如此，《监察法实施条例》第五十三条第一款的规定"监察机关对于退休公职人员在退休前或者退休后，或者离职、死亡的公职人员在履职期间实施的涉嫌职务违法或者职务犯罪行为，可以依法进行调查"，充分展现了监察调查权的普遍性、宽泛性和常态化。

2. 将监察机关的"调查权"从《刑事诉讼法》规定的侦查权中独立分离，凸显调查工作的专门性和权威性

关于什么是侦查，自 1979 年第一部《刑事诉讼法》颁布实施到 2018 年 10 月《刑事诉讼法》的修正，其内涵逐步变化。1979 年《刑事诉讼法》第五十八条第（一）项明确规定"侦查是指公安机关、人民检察院在办理案件过程中，依照法律进行的专门调查工作和有关的强制性措施"。不难看出，在侦查的这一法定概念中，"调查"一词是用来解释"侦查"二字，附属于侦查实践活动。而在 2018 年 10 月修正后的《刑事诉讼法》中侦查概念是这样规定的："'侦查'是指公安机关、人民检察院对于刑事案件，依照法律进行的收集证据、查明案情的工作和有关的强制性措施。" 2018 年修正后的《刑事诉讼法》为适应和衔接《监察法》而作出了修改，在法律领域内，把"调查"作为监察机关单独享有的、为查明案件事实收集证据并采取留置强制措施的活动。由此，调查权成为和侦查权并行的一种权力，在行使主体、适用对象、采取措施等诸方面都有别于侦查权，属于监察机关所独有的专门办案权。这种变化本身进一步凸显了监察机关调查权的专门性、独立性、权威性。

3. 在工作关系上，强调相关机关和部门对监察调查工作的支持和配合作用

《监察法》第四条第二款和第三款规定："监察机关办理职务违法和职务犯罪案件，应当与审判机关、检察机关、执法部门互相配合，互相制约。监察机关在工作中需要协助的，有关机关和单位应当根据监察机关的要求依法予以协助。"在立法层面上，虽然上述法律规定了互相配合和制约两个方面，但在实际工作中，相关具体规定更倾向于其他机关和单位对监察机关的配合作用。

比如，在监察机关与公安机关的工作关系中，根据 2018 年 4 月 16 日发布的《国家监察委员会管辖规定（试行）》（国监发〔2018〕1 号），原由公安机关管辖的非国家工作人员受贿罪、对非国家工作人员的行贿罪，对外国公职人员、国际公共组织官员行贿罪，一律改由监察机关管辖。公安机关经济犯罪侦查、刑事犯罪侦查、治安管理、国家安全保卫等部门管辖的案件，犯罪嫌疑人系公职人员的，改由监察机关管辖。

不仅如此，还有许多规范和文件规定了公安执法部门对监察机关留置人员在设置留置场所和看护队伍，以及看护留置人员方面应当具体配合的内容。特别是在协助监察机关调查，包括技术调查方面，对监察机关实施法律规定的调查措施，开展技术调查，进行人身和场所勘验等，提出了明确要求，使监察调查工作相对于公安机关的日常侦查工作，更为显要。

二、监察机关在案件调查和收集证据中的主导性和优先性

无论是监察机关对案件实施调查还是检察机关对所辖案件的侦查，其基本功能都是收集证据，为最终对案件作出处置处理提供有力的事实支撑。这当中，因为涉及办案对象的人身自由和人身权利，采取什么样的人身强制措施对证据收集的期限如何、方便与否，都会产生影响。在这方面，相关措施的运用能够体现出监察机关在调查收集证据中更具有主导性和优先性。

1. 对被调查人员适用留置措施，使调查取证工作更为简捷便利，利于监察机关主导取证工作

所谓留置，是指监察机关在调查涉嫌贪污贿赂、失职渎职等严重职务违法或者职务犯罪时，已经掌握被调查人部分违法犯罪事实及证据，但仍有重要问题需要进一步调查，并且具备法定情形，经依法审批后，将被调查人带至特定场所，使其就案件所涉及的问题配合调查而采取的一项案件调查措施。

从这一概念可以看出，监察机关对被调查对象采取留置措施有着严格的条件，一是有证据证明犯罪事实存在，二是还有其他犯罪事实需要查明，三是经过集体研究批准这一法定程序。在实际调查工作中，留置措施一旦适用，较之于以往检察机关对职务犯罪自行侦查中的刑事强制措施仍然较为便捷简单，更有利于发挥监察机关在案件调查取证工作中的主导作用。

一方面，虽然留置措施有着严格的审批程序，取代了过去纪检机关"双规"的办案措施，但其对应的是检察机关自行侦查时的五种刑事强制措施，包括拘传、取保候审、监视居住、刑事拘留、逮捕。以一种留置措施，对应代替过去纪检机关及公检法三机关的六种办案措施，且留置程序完全是由提出机关内部决定，不像在刑事诉讼活动中应用最广的逮捕那样，需要经过提出方以外的第三方机关批准。如此比较便知，在办案实践中，哪个措施更便于开展办案工作，更有利于主导取证工作。

另一方面，监察机关的留置措施不仅时间有限，通常仅为三个月，且需要延长留置期限的，也仅能延长一次三个月。也就是说，留置的最长时间为六个月。换句话说，监察机关必须在六个月内完成办案任务，对被调查对象作出监察处置，且通常应当为有罪处置，移送检察机关审查起诉，正式启动追究刑事责任程序，因为留置的前提是已经有证据证明犯罪事实存在。面对这样的措施、期限、结果，面对监察机关更为丰富的讯问、搜查、扣押等调查措施和手段，监察机关在调查取证过程中的主导性，甚至强势性，不言自明。

2. 留置期间不允许被调查对象得到专业律师提供的辩护

国家监察机关成立并正式展开工作之前，公安、检察机关依照《刑事诉讼法》对犯罪嫌疑人采取刑事强制措施，然后展开收集证据工作，即便是犯罪嫌疑人被刑事拘留、逮捕，办案机关也必须告知犯罪嫌疑人其有聘请律师为其提供辩护的法定权利。那些聘请了律师却不能会见或限制会见的，仅限于危害国家安全、恐怖活动、重大贿赂等少数犯罪案件。至于国家公职人员的贪污贿赂等犯罪案件，只有受贿数额在 50 万元以上的重大贿赂案件，律师会见才需要审批程序。而监察机关负责查办的公职人员犯罪案件，无论是贪污贿赂案件、渎职侵权案件，还是原来由公安机关管辖的非国家工作人员职务犯罪案件，在调查取证期间，一概禁止被调查人员聘请律师为其辩护。

3. 对案件补充证据的收集获取以监察机关补充调查为主，检察机关自行侦查为辅

对应《监察法》的相关规定，《刑事诉讼法》第一百七十条规定，人民检察院要依法对监察机关移送的案件进行审查，经审查认为需要补充核实的，应当退回监察机关补充调查，必要时由人民检察院自行补充侦查。不难看出，监察机关作为查办职务犯罪的专责机关，由于其办理案件的政治性较强且比较敏感，人民检察院的公诉部门经审查认为需要补充核实证据的，究竟是退回监察机关补充调查还是自行补充侦查，应当有先后顺序，即一般应当先退回监察机关补充调查，必要时才由人民检察院自行补充侦查。对此，《人民检察院刑事诉讼规则》第三百四十四条第一款规定了自行补充侦查的三种特定情形："（一）证人证言、犯罪嫌疑人供述和辩解、被害人陈述的内容主要情节一致，个别情节不一致的；（二）物证、书证等证据材料需要补充鉴定的；（三）其他由人民检察院查证更为便利、更有效率、更有利于查清案件事实的情形。"该条第二款明确规定："自行补充侦查完毕后，应当将相关证据材料入卷，同时抄送监察机关……"第三百四十三条第二款在程序上加以严格的规范："需要退回补充调查的案件，人民检察院应当出具补充调查决定书、补充调查提纲，写明补充调查的事项、理由、调查方向、需补充收集的证据及其证明作用等，连同案卷材料一并送交监察机关。"这样的制度规定和设计，一方面可以从法律上体现出人民检察院对监察机关的监督制约配合，另一方面在办案实践中彰显了监察机关调查取证的主导性、先行性，突出了监察调查工作的显要地位。

三、监察机关处置结果对起诉和审判工作的先导示范作用

依据《宪法》对国家监察机关的职能定位，根据《监察法》的具体规定，国家监察机关对查办违反党纪和违法犯罪案件具有监督、调查、处置三大职责。其中的监察处置，是指监察机关根据《监察法》及相关法律法规的规定，对调查的违法犯罪问题予以审查定性，并决定给这些违法的公职人员以何种处分和处理的执法活动。从刑事法律层面讲，对于监察机关经过调查，认为所涉公职人员行为已经构成犯罪的，这种处置结果意味着监察机关将制作《起诉意见书》，并把相关案件材料连同被调查人一并移送人民检察院审查起诉，案件由此正式纳入刑事诉讼程序。

实践中，监察机关对涉罪人员的这一处置结果虽然标志着监察程序的阶段性结束，但其处置结果对后续的审查起诉和审判同样具有十分重要的先行引导作用。可见，监察机关对于涉嫌职务犯罪案件的移送是实现监察执法与刑事司法紧密衔接，依法惩治腐败犯罪的重要环节。

1.监察机关对被调查人提出从宽处罚的意见，需遵循严格慎重的审批程序

作为一项重要的刑事诉讼制度，认罪认罚从宽制度，已经依法定程序，纳入修改后的《刑事诉讼法》中。这项制度的实施对于发挥检察机关"第一责任人"作用，简化诉讼程序，节约诉讼资源，都产生了十分重要的作用。但对于经监察调查转入审查起诉的公职人员犯罪案件而言，认罪认罚，甚至对具有其他坦白自首情节的被调查人的有效认定，仍然难度很大。一个重要的原因在于监察机关对移送审查起诉从宽情节的认定，规定了严格的限制条件。

一方面，设置了审批程序。《监察法实施条例》第二百一十三条第一款规

定："涉嫌职务犯罪的被调查人和涉案人员符合监察法第三十一条、第三十二条规定情形的，结合其案发前的一贯表现、违法犯罪行为的情节、后果和影响等因素，监察机关经综合研判和集体审议，报上一级监察机关批准，可以在移送人民检察院时依法提出从轻、减轻或者免除处罚等从宽处罚建议。报请批准时，应当一并提供主要证据材料、忏悔反思材料。"这一规定在办案实践操作中，实际上对被调查人的从宽处罚设置了四道门槛。一是认定从宽，过去表现、违法犯罪情节、后果和影响，是重要参考因素，并非单一的自首、坦白、立功等直接涉案事实。二是提出时经办案机关集体研究。三是报上级监察机关批准。四是应当提供主要证据和忏悔反思材料。这也恰恰体现了监察机关作为专责机关，对腐败犯罪一贯坚持从严惩处的原则，强化了监察机关的办案权威。

另一方面，《监察法实施条例》第二百一十四条到第二百一十八条对可以列入从宽意见的情形，作出了具体明确的规定，包括哪些情形属于自动投案、真诚悔罪悔过，哪些情形属于如实供述未掌握的犯罪事实，哪些情形属于积极退赃或者有重大立功，哪些情形属于如实提供线索有助于调查其他案件，等等。这些实际而具有可操作性的规定，既表明了从宽的具体针对事项和范围，也防止了对从宽认定情节的滥用，彰显了监察机关办案的从严原则。正因如此，监察机关一旦形成从宽处罚建议，其对后续的审查起诉及审判工作也必将有极其重要的影响作用。

2. 公诉机关作出不起诉决定，必须遵循严格的办案程序

刑事案件定罪和处以刑罚的唯一标准是案件证据确实充分。对此，《监察法实施条例》第六十三条和《刑事诉讼法》第五十五条保持了基本内容的衔接，即定罪量刑的事实都有证据证明；据以定案的证据均经法定程序查证属实；综合全案证据，对所认定事实已排除合理怀疑。两法的区别是，前者作为补充一款，原则笼统地规定了对于证据不足的案件，不得移送人民检察院审查起诉。而《刑事诉讼法》则在项前列出专款，明确申明，对一切案件的判处都要重证据，重调查研究，不轻信口供。只有被告人供述，没有其他证据的，不能认定被告人有罪和处以刑罚；没有被告人供述，证据确实、充分的，可以认定被告人有罪和处以刑罚。由此不难看出，《监察法实施条例》对案件证据确实充分标准的界定虽然和《刑事诉讼法》基本内容相同，但从具体要求上看，监察机关规定的"证据不足不得移送"显然更为宽泛、笼统，标准相对较低，而人民检察院的认定标准则更为精准、具体、严格。

另外，检察机关在对案件的审查起诉过程中，对可能涉及监察机关证据不足需要补充证据，或者作出不起诉决定的更为慎重。除前面讲到审查起诉中需要补充证据的，以退回监察机关补充调查为主，检察机关自行补充侦查为辅外，对于检察机关经过审查起诉作出不起诉决定的，检察机关设定了极为严格的条件和程序，由此昭示出监察机关的办案权威。对此，《人民检察院刑事诉讼规则》第十章第九节用了相当大的篇幅对不起诉问题的条件和程序予以明确，表明了检察机关对案件经审查起诉过程后作出不起诉决定的慎重态度。特别是对涉及监察机关移送审查起诉的案件，上述规则第三百六十五条明确规定了人民检察院对于监察机关或者公安机关移送起诉的案件，发现犯罪嫌疑人没有犯罪事实，或者符合《刑事诉讼法》第十六条规定的情形之一的，经检察长批准，应当作出不起诉决定。这条内容的含义十分清楚，即便是检察人员独立办案，但在内部制约机制中，案件的不起诉决定必须由检察长批准。而对于监察机关移送起诉案件的审查，《监察法》第四十七条第四款明确规定："人民检察院对于有《中华人民共和国刑事诉讼法》规定的不起诉的情形的，经上一级人民检察院批准，依法作出不起诉的决定。监察机关认为不起诉的决定有错误的，可以向上一级人民检察院提请复议。"该条款对监察机关移送不起诉的案件，从国家监察立法的层面将程序进行了拔高，规定必须"经上一级人民检察院批准"，这较《人民检察院刑事诉讼规则》规定的一般刑事案件需由检察长批准又提升了规格，提高到过去人民检察院办理自侦安全不起诉时的审批高度，是从立法角度对监察权威的进一步维护。不仅如此，法律还赋予了监察机关向上一级人民检察院的申请复议权。

3. 监察机关依法调查收集的证据可以作为刑事诉讼证据使用，监察机关同样适用刑事诉讼中的非法证据排除规则

根据《监察法》第三十三条前两款之规定，监察机关在收集、固定、审查、运用证据时，应当与刑事审判关于证据的要求和标准相一致，且监察机关在调查程序中依法收集的证据，在刑事诉讼中可以作为证据使用。换个角度看，监察机关在办理国家公职人员犯罪案件时，其调查收集的证据由于在未来需要作为刑事诉讼中的证据，所以其收集、固定证据，必须做到依照法定程序收集，全面客观收集，同时严禁以非法方法，特别是刑讯逼供、威胁、引诱、欺骗等方式收集证据，这些与《刑事诉讼法》关于证据的要求相一致。进一步讲，参照《刑事诉讼法》及相关解释关于司法机关审查运用证据的规定，监察机关在审查运用证据作出处置决定时，也要遵循非法证据排除规则。虽然如此，《监察法》的相关释义也强调，对不符合法定程序收集的证据，不能一概视为非法证据而予以排除，而是应当区别对待。对可能严重影响处置结果合法公正的，应当要求相关调查人员予以补证或者作出合理解释，如果作了补证或者合理解释，不影响证据使用的，该证据可以继续使用。不能补正或者不能作出合理解释的，对该证据应当予以排除。这样解释，实际上是对监察机关调查权、处置权的尊重和维护，也不失在总体上维护了《刑事诉讼法》的根本证据规则。

4.《刑事诉讼法》关于公职人员缺席审判制度的确立，充分体现了监察机关反腐败主责机关的权威

为适应党的十八大以来，我国高压强力反腐的态势需要，2018 年修正后的《刑事诉讼法》在第五编专门增加了缺席审判程序一章。第二百九十一条第一款明确规定，"对于贪污贿赂犯罪案件……犯罪嫌疑人、被告人在境外，监察机关、公安机关移送起诉，人民检察院认为犯罪事实已经查清，证据确实、充分，依法应当追究刑事责任的，可以向人民法院提起公诉。人民法院进行审查后，对于起诉书中有明确的指控犯罪事实，符合缺席审判程序适用条件的，应当决定开庭审判"。

在此基础上，《刑事诉讼法》第二百九十八条第一款进一步规定："对于贪污贿赂犯罪、恐怖活动犯罪等重大犯罪案件，犯罪嫌疑人、被告人逃匿，在通缉一年后不能到案，或者犯罪嫌疑人、被告人死亡，依照刑法规定应当追缴其违法所得及其他涉案财产的，人民检察院可以向人民法院提出没收违法所得的申请。"第三百条规定："人民法院经审理，对经查证属于违法所得及其他涉案财产，除依法返还被害人的以外，应当裁定予以没收……"上述审判制度的设立，贯穿了党中央关于反腐败斗争的一系列方针政策，从国家立法层面，通过突破性地赋予司法机关权限，让监察机关对案件的处置结果延续到司法审判阶段，强化了国家监察机关的反腐败权威，让法律规定和党的政策一脉相承，保证了强力反腐败工作能够依法健康开展。

总之，在办案实践中，《监察法》和《刑事诉讼法》互相衔接，监察机关和公安、检察机关，人民法院，甚至其他执法部门互相配合、互相制约，构成了我国现行法治体系中全面完整的查办国家公职人员犯罪的法律体系。这当中，作为国家机构中"一府、一委、两院"重要组成部分的监察机关，其查办公职人员犯罪的权威性、主责性理应在立法和实践中得到极大维护，特别是在和《监察法》及《刑事诉讼法》的衔接比较中得到彰显。

黑社会犯罪与恶势力犯罪的区别和联系

如何区分黑社会犯罪及恶势力犯罪是刑事法律实践中一直困扰着人们的重要话题，社会公众对此更是莫衷一是。笔者认为，无论是从法律规定、司法解释及有关文件规范等规定内容还是联系具体案件进行考察，都可以发现二者的区别和联系。

一、从犯罪组织结构上看，黑社会性质犯罪的组织程度远高于恶势力犯罪

本书所称黑社会犯罪，是指以《刑法》第二百九十四条为首要条款而规定的黑社会性质组织及其相关犯罪行为的总称。我国《刑法》规定的黑社会性质组织及其犯罪概念，最早出现在 1997 年第一次《刑法》修订后的第二百九十四条当中。随着司法实践的不断发展，这一概念的本质和内涵也愈加清晰。该法律条文修订颁布后，为了指导司法实践，继最高人民法院于 2000 年 12 月 5 日颁布《关于审理黑社会性质组织犯罪的案件具体应用法律若干问题的解释》后，全国人民代表大会常务委员会于 2002 年 4 月 28 日专门通过了关于《中华人民共和国刑法》第二百九十四条第一款的解释，对黑社会性质组织的概念及特征作了进一步说明。二者一致强调了黑社会性质组织具有的组织特征、经济特征、行为特征、危害性特征。其中，组织特征也成为认定黑社会犯罪的关键因素。

为了指导三年扫黑除恶专项斗争的司法实践，《最高人民法院、最高人民

检察院、公安部、司法部印发〈关于办理黑恶势力犯罪案件若干问题的指导意见〉的通知》（法发〔2018〕1号，以下简称1号文件）在总结了以往的法律条文及相关的立法、司法解释的基础上，对黑社会性质组织的具体特征作了更为精准和具体的阐述。

特别是其中关于组织特征的描述，能够让我们在司法实践中对黑与恶作出更加明确的区分。根据1号文件，我们可以看到，作为黑社会性质组织重要标志的组织特征，除了形成较稳定的犯罪组织，人数众多，组织者、领导者、骨干成员基本固定这些基本特征，还一般具有恶势力犯罪团伙不具备或达不到的如下情形。

一是有发起、创建黑社会性质组织，或者对黑社会性质组织进行合并、分立、重组的行为。二是有对整个组织的发展、运行、活动进行决策、指挥、协调、管理的行为。三是有通过一定形式产生的有明确职务、身份，或者是组织成员公认的实际上的组织者、领导者，客观上存在组织层级。四是组织形态在一定时期内持续稳定存在，有积极参与较严重组织犯罪活动且作用突出的主要成员或骨干力量。

具体到恶势力团伙或集团犯罪，虽然其实施的许多违法犯罪行为可能与黑社会性质组织犯罪相重合，但它并没有黑社会性质组织这样严密的组织结构和犯罪形态。换句话说，在某种程度上，恶势力团伙或集团犯罪，作为黑社会性质组织犯罪的初期或低级形态，其在组织结构上并没有达到黑社会性质组织那样"高级"且严密的程度。它没有明确的组织层级，没有明确稳定的组织者、指挥者、管理者，团伙形成时间相对较短，成员相对较少，有纠集者而没有严密的组织结构，有时甚至是几个曾经相识的散兵游勇临时纠集而进行违法犯罪活动。

在一起车站寻衅滋事案件中，由被告人张一、张二、张三、张四组成的违法犯罪团伙中，张一任 A 州长途车站某线路车联营组组长。自 2012 年 6 月至 2013 年 1 月，上述四人纠集在一起，利用张一的联营组组长身份，相互勾结，制定了"黑车"的发车秩序，并让相关的黑车司机按月交付 150 元至 200 元不等的保护费。黑车司机中稍有不从者，张一等四人便依靠人多势众，逞强耍横，对其随意进行殴打，并毁坏他人车辆等财物，严重破坏车站社会秩序。

四人归案后，经法院依法审判，认定四人纠集在一起形成了相对稳定的违法犯罪团伙。他们寻衅滋事、敲诈勒索、故意毁坏财物，为非作歹，已经具备了恶势力犯罪团伙的相应条件。据此，法院依法认定四人为恶势力犯罪团伙，并分别以寻衅滋事罪判处刑罚。

二、从犯罪形态和手段等方面看，相关法律文件对恶势力团伙所涉犯罪作了最低量化，而对黑社会犯罪对应方面则没有限制性规定

继 1 号文件之后，自 2019 年 4 月 9 日起施行的《最高人民法院、最高人民检察院、公安部、司法部印发〈关于办理恶势力刑事案件若干问题的意见〉的通知》规定了所谓恶势力，是指经常纠集在一起，以暴力、威胁或者其他手段，在一定区域或者行业内多次实施违法犯罪活动，为非作恶，欺压百姓，扰乱经济、社会生活秩序，造成较为恶劣的社会影响，但尚未形成黑社会性质组织的违法犯罪组织。

按照上述文件对恶势力犯罪团伙作进一步解读，我们可以发现恶势力犯罪团伙在犯罪形态等方面和黑社会性质组织有着明显区别。

1. 涉罪范围相对固定

根据 1 号文件，恶势力团伙实施的违法犯罪活动主要为强迫交易、故意伤害、非法拘禁、敲诈勒索、故意毁坏公私财物、聚众斗殴、寻衅滋事，但

也包括具有为非作恶、欺压百姓等特征，主要以暴力、威胁为手段的其他违法犯罪活动。除此之外，恶势力犯罪还可能同时伴随实施开设赌场，组织强迫卖淫，贩卖、运输、制造毒品，抢劫，抢夺，聚众扰乱公共场所秩序、交通秩序以及"打砸抢"等违法犯罪活动。从1号文件的规定看，这些违法犯罪行为是恶势力团伙犯罪通常所涉的基本范围。在司法实践的把握上，黑社会性质组织的犯罪行为则远不止上述范围。在具体工作中，故意杀人、非法经营、非法占地、破坏选举，甚至行贿、非法控制基层政权、非法进行行业控制，其他侵犯不特定多人的人身权利、民主权利、财产权利，破坏经济秩序、社会秩序等为非作恶，欺压、残害群众的严重违法犯罪行为也较为常见。

2. 文件对恶势力团伙的相关规定底线相对明确

文件指出，恶势力一般为三人以上，纠集者相对固定。其中的纠集者，是指在恶势力实施的违法犯罪活动中起组织、策划、指挥作用的违法犯罪分子。除此之外，恶势力中的其他成员，包括知道或者应当知道与他人经常纠集在一起是为了共同实施违法犯罪，已有充分证据证明但尚未归案的人员，以及因法定情形不予追究法律责任，或者因参与实施恶势力违法犯罪活动已受到行政或刑事处罚的人员。

在恶势力团伙违法犯罪行为的间隔上或者如何纠集上，文件指出，经常纠集在一起，以暴力、威胁或者其他手段，在一定区域或者行业内实施违法犯罪活动，是指犯罪嫌疑人、被告人于两年之内，以暴力、威胁或者其他手段，在一定区域或者行业内多次（不少于三次）实施违法犯罪活动，且包括纠集者在内，至少应当有两名相同的成员多次参与实施违法犯罪活动。文件同时规定，恶势力刑事案件中的"多次实施违法犯罪活动"至少应包括一次犯罪活动。而对于反复实施强迫交易、非法拘禁、敲诈勒索、寻衅滋事等单一性质的违法行为，单次情节、数额尚不构成犯罪，但按照《刑法》或者有关司法解释、规范性文件的规定累加后应作为犯罪处理的，在认定是否属于"多次实施违法犯罪活动"时，可将已用于累加的违法行为计为一次犯罪活动，其他违法行为单独计算违法活动次数。

需要注意的是，黑社会和恶势力作为两种犯罪组织形式，虽然法律或相关文件都规定了"多次实施违法犯罪活动"这一条件，但《刑法》第二百九十四条对构成黑社会犯罪的要求明确列举了"为非作恶，欺压、残害群众"这一法定条件，这是以法律形式对构成黑社会犯罪规定了更严格的条件。在此基础上，1号文件进一步规定，黑社会性质组织实施的违法犯罪活动包括非暴力性的违法犯罪活动，但暴力或以暴力相威胁始终是黑社会性质组织实施违法犯罪活动的基本手段，并随时可以付诸实施。暴力、威胁色彩虽不明显，但实际是以组织的势力、影响和犯罪能力为依托，以暴力、威胁的现实可能性为基础，足以使他人产生恐惧、恐慌，进而形成心理强制，或者足以影响、限制人身自由，危及人身财产安全，或者影响正常生产、工作、生活……这些犯罪方式和手段，其危害和恶劣程度远高于恶势力犯罪相关的手段和行为。

从上述情形可以看出，国家以规范性文件的方式对恶势力犯罪团伙的认定底线作出了明确规定，以对应并区别于"黑社会性质组织犯罪"这一更高形态的犯罪组织及犯罪形态。

三、黑社会犯罪具有明显而强烈的经济特征，而恶势力犯罪则停留在"扰乱经济、社会生活秩序，造成较为恶劣的社会影响"这一层面

《刑法》第二百九十四条第五款第（二）项对黑社会性质组织经济特征的定义是"有组织地通过违法犯罪活动或者其他手段获取经济利益，具有一定

的经济实力，以支持该组织的活动"。此后，全国人大常委会的相关立法解释、最高人民法院的相关司法解释，都对这一法律规定加以确认和顺延。而相关法律及文件中对恶势力犯罪的经济特征则没有专门的规定和要求。司法实践中，对恶势力的认定和经济有关的，限于《最高人民法院、最高人民检察院、公安部、司法部印发〈关于办理恶势力刑事案件若干问题的意见〉的通知》中，"扰乱经济、社会生活秩序，造成较为恶劣的社会影响"这一规定。

从上述文件的比较当中，不难看出在立法和司法层面认定黑社会、恶势力两种犯罪组织形态时，在经济特征这一问题上的明显区别。特别是1号文件，对黑社会性质组织的经济特征作了更为具体、深入的规定和解读。

1.明确了黑社会犯罪获取经济利益的方式

主要包括：有组织地通过违法犯罪活动或者其他不正当手段聚敛；有组织地以投资、控股、参股、合伙等方式，通过合法的生产、经营活动获取；由组织成员提供或者通过其他单位、组织、个人资助取得。

2.明确了什么是黑社会性质组织的"具有一定的经济实力"

包括通过上述三种方式获取经济利益，同时包括调动一定规模的经济资源用以支持该组织活动的能力，即使是由部分组织成员个人掌控，也应计入黑社会性质组织的"经济实力"。需要特别强调的是，组织成员主动将个人或者家庭资产中的一部分用于支持该组织活动，其个人或者家庭资产可全部计入"一定的经济实力"。

从前述一系列法律和文件规定不难看出，经济特征是黑社会性质组织非常重要的特征之一，非法的经济实力是支撑黑社会犯罪持续发展的重要经济基础。而对恶势力团伙或者集团的认定，或者说恶势力犯罪行为的发生发展，法律上没有要求其具有相应的经济实力，不需要具备上述经济特征。

四、对黑社会和恶势力两种形态的犯罪行为在处罚上均体现出从严从重

从相关的法律规定、立法、司法解释，以及相关的法律文件等多方面考察，立法司法的初心始终体现了对黑社会及恶势力两种形态犯罪从严从重处罚的要求。这种要求，从 1997 年《刑法》修正后单独增加了黑社会性质组织犯罪的相关规定，从全国人民代表大会常务委员会、最高人民法院专题作出立法和司法解释，以及 2018 年以来与扫黑除恶专项斗争相关的大量法律文件，均可以得到明确体现。

1. 对于黑社会性质组织犯罪，《刑法》单独设立了相关的涉黑犯罪罪名

在司法实践中，凡构成涉黑犯罪的，除了在判决上要对涉黑犯罪单独确定罪名并处以相应刑罚，对涉黑的个罪也通常采取分列罪名进行量刑，最终遵循数罪并罚的原则进行综合量刑。

比如，某涉黑犯罪的组织领导者，因犯故意伤害罪、强迫交易罪、诈骗罪、非法拘禁罪、敲诈勒索罪等多个罪名，构成组织领导黑社会性质组织罪时，对其的判决首先认定其构成了组织领导黑社会性质组织罪，然后再确定其他个罪，最终数罪并罚确定最后量刑，体现了从严处罚的要求。

对于恶势力团伙犯罪，因其不具备黑社会犯罪的相关特征，法院审理阶段在认定罪名上不涉及组织领导黑社会性质组织罪名，但要求明确系恶势力犯罪或者恶势力集团犯罪。对其他各个具体犯罪的处罚也是在单罪从重的基础上进行数罪并罚，总体上体现的仍然是从严从重处罚。

2. 明确规定对黑社会犯罪的财产处置从严，规定了具体细致的追缴没收范围

在具体犯罪的处罚问题上，公安、司法机关对黑社会性质组织犯罪的

财产处置，主要通过 1 号文件来体现。从文件相关规定来看，总体体现了从严精神。

一方面，对于不宜查封、扣押、冻结的经营性资产，可以申请当地政府指定有关部门或者委托有关机构代管或者托管。其中明确规定，组织及其成员所有财产符合下列情形之一的，应当依法追缴、没收：一是通过违法犯罪活动或者其他不正当手段聚敛的财产及孳息、收益；二是通过个人实施违法犯罪活动聚敛的财产及其孳息、收益；三是其他单位、组织、个人为支持该组织活动资助或主动提供的财产；四是通过合法的生产、经营活动获取的财产或者组织成员个人、家庭合法资产中，实际用于支持该组织活动的部分；五是组织成员非法持有的违禁品以及供犯罪所用的本人财物；六是其他单位、组织、个人利用黑社会性质组织及其成员的违法犯罪活动获取的财产及其孳息、收益；七是其他应当追缴、没收的财产。

另一方面，对于违法所得已用于清偿债务或者转让给他人的，只要有下列四种情形之一，即可以依法追缴：一是对方明知是通过违法犯罪活动或者其他不正当手段聚敛的财产及其孳息、收益的；二是对方无偿或以明显低于市场价格取得的；三是对方是因非法债务或者违法犯罪活动而取得的；四是通过其他方式恶意取得的。

不仅如此，1 号文件还规定，依法应当追缴、没收的财产无法找到、被他人善意取得、价值灭失或者与其他合法财产混合且不可分割的，可以追缴、没收其他等值财产；犯罪嫌疑人、被告人逃匿，在通缉后一年不能到案，或者犯罪嫌疑人死亡的，应当依照法定程序没收其违法所得。

上述一系列具体的文件规定，是司法行政机关办理涉黑案件的重要执法依据，其核心就是对黑社会性质组织犯罪涉案人员的财产处置坚持从严。

3. 在处理恶势力犯罪案件的相关情节时，总体上体现从严精神

《最高人民法院、最高人民检察院、公安部、司法部印发〈关于办理恶势力刑事案件若干问题的意见〉的通知》，是除《刑法》之外办理恶势力犯罪刑事案件的主要依据。从文件看，虽然其在总体上强调了坚持依法办案，准确认定恶势力和恶势力犯罪集团，坚决防止人为拔高或降低认定标准，做到宽严有据、罚当其罪，实现政治效果、法律效果和社会效果的统一，但综观整个文件，突出体现的还是依法从严精神。

比如，文件总体要求的第1点，就开宗明义地讲道，要毫不动摇地坚持依法严惩方针，在侦查、起诉、审判、执行各阶段，运用多种法律手段全面体现依法从严惩处精神。再如，在文件的"正确运用宽严相济刑事政策的有关要求"一节中，虽然对恶势力犯罪成员中，罪责相对较小，人身危险性、主观恶性相对不大的，具有立功、自首、坦白、初犯等法定或酌定从宽处罚情节的，作出了可以依法从轻、减轻或免除处罚的规定，甚至对从犯可以判处缓刑，但在对应章节的开头，仍然提出了对恶势力犯罪中的首要分子、重要成员、主犯等加大惩处力度，对依法应当判处重刑或者死刑的，坚决判处重刑或者死刑。同时，要求严格掌握取保候审，不起诉，缓刑、减刑、假释和保外就医适用条件，充分利用资格刑、财产刑等法律手段实施全方位从严惩处。

不仅如此，在其后的相关内容中，还规定了恶势力犯罪中的首要分子检举揭发其他犯罪线索的，如果在认定立功上存在事实、证据或法律适用方面的争议，应当严格把握；对依法应当认定为立功或者重大立功的，在决定和适用刑罚时，应当根据罪责刑相一致的原则从严掌握；对于犯罪性质恶劣、犯罪手段残忍、社会危害严重的犯罪嫌疑人、被告人，虽然认罪认罚，但不适宜从轻处罚的，不适用该制度。

总之，黑社会犯罪和恶势力犯罪是相互关联的两种犯罪形态。后者是前者的初级阶段或者基础，前者是后者发展到高级阶段的必然结果。无论哪种形态的犯罪表现，在法律的最终处理上，都体现了从严从重的精神。对于黑社会犯罪，因为其犯罪的经济基础和经济特征的原因，在财产刑的处理上更加体现出严酷和彻底，彰显了从经济上摧毁其犯罪基础的立法精神；对于恶势力犯罪案件，则在多个环节上体现出对从轻、减轻情节的认定是从严的。

第四章

辩护成功案例的办案实录

是经济纠纷还是合同诈骗罪

2015 年 8 月，笔者受聘担任陆远遥 ① 合同诈骗一案的辩护人。接受委托后，笔者多次依法进行会见，了解案情，向犯罪嫌疑人提供了必要的咨询帮助，并在立案之初、公安机关采取刑事拘留强制措施及向检察机关报捕后，先后两次出具书面法律建议和意见，要求相应办案机关对陆远遥不要适用逮捕强制措施。在案件进入审查起诉阶段后，笔者除及时阅卷详细掌握案件情况外，又多次向公诉部门提交书面法律意见，强烈建议公诉机关对被告人陆远遥作出不起诉决定，直到被告人陆远遥被取保候审。此后，笔者全程参与了案件的庭前会议和法庭审理，对公诉证据进行了认真质证和辩论，全面系统地发表被告人陆远遥无罪的辩护意见。

经过全面审查判断，笔者认为，公诉机关指控被告人陆远遥犯合同诈骗罪，缺乏事实和法律依据，法院应当依法宣告被告人陆远遥无罪。被告人与涉案当事人章树峰及其公司之前的法律行为属于经济纠纷，应当通过民事诉讼程序予以解决。法院最终全面采信了笔者的意见，依法宣告被告人陆远遥无罪。

本案从公安机关立案侦查，经检察院依法提起公诉，到法院依法作出无罪宣判，前后历时三年。法律以其公平正义之魂，终于还被告人陆远遥以清

---

① 本章中人物和公司名称均为化名。

白无罪之身。

　　根据合同约定，甲方（报案人、被害人一方）自愿投资乙方（陆远遥所在公司）位于台某市王后大道 66 号院改造项目，投入金额为人民币2600 万元。乙方将公司股权的 50% 过户给甲方，项目权益按股权比例分配。三年后，乙方保证甲方投资收益不低于 100%。此后，如乙方不能完成上述协议目标，甲方将持有乙方公司 100% 股权。

　　此后，甲方将 2600 万元款项汇往乙方账户，乙方开始按照合同约定申报项目开发改造手续，包括规划设计、拆迁安置、土地变更等事项。几个月后，市政府召开规划工作会议，明确涉案土地范围内统一规划，成片开发，先前的一切开发事项全部停止。接着，因房地产市场严重疲软，陆远遥所在公司陷入严重经营困境。为此，陆远遥遂将被害人甲方所汇款项用于偿还公司征地的欠款、贷款，及其他关联公司业务。甲方几经讨债，陆远遥及其公司无奈，只好把涉案公司股权全部变更为甲方持有。此后一个时期，甲方虽然把陆远遥公司名下的土地变更至自己公司名下，但因为无法变现，其始终没有拿回当初合同期待的投资回报。遂甲方通过报案等方式，以合同诈骗罪举报陆远遥及其公司，声称被骗金额 5200 万元，终致本案发生。

转眼几年过去，回望当年本案跌宕起伏的辩护过程，笔者深感在新时期的刑事辩护工作中，加强对企业刑民交叉法律业务进行研究探讨的重要性和紧迫性。

本案中，笔者围绕刑民交叉问题的法律现象，主要从以下几个方面展开辩护工作。

一、准确界定涉案法律事实的本质属性，从总体上确定案件的辩护突破口

笔者经过反复阅卷，认为本案应该是经济纠纷，公安机关不应以刑事侦查方式介入其中。

一方面，在被害方台安公司以公司及章树峰个人名义和被告人之一的陆雷最早签订的《项目投资协议》中，一开始就明确约定："甲方（报案人、被害人一方）自愿投资乙方位于台某市王后大道 66 号院改造项目，投入金额为人民币 2600 万元。"这个约定是本案形成的全部前提条件。接着，这个合同又约定了乙方将公司股权的 50% 过户给甲方，项目权益按股权比例分配，但保证甲方三年后的投资回报不低于 100%。我们知道，投资经营行为的本质是投资各方共同经营、共同管理、共担风险、共负盈亏。而在本案的原始协议中约定，甲方投资先获得了被告人公司 50% 的股权，不仅不承担任何的投资风险，反而必须得到不少于投资 100% 的收益。类似这样有保底条款的投资联营协议为无效协议，当事人的投资和所谓的债权（实为约定收益）根本不受法律保护。双方应当按照无效合同的处理原则，进行返还。

另一方面，假如真如台安公司一方所说 2600 万元为投资款，甲方就应该共享盈利、共担风险，陆远遥经营公司的亏损，甲方同样应该予以承担，何来利润一说？此外，章树峰一方在法庭上仍然固执地认为，2600 万元是投资款。那么，如果这 2600 万元真的是投资款，章树峰及其钢管公司是否具有房地产开发的资格和资质？又具体以什么方式实施了怎样的投资和开发行为？本案当中均无任何证据资料。

在被害人与被告人于 2014 年 5 月 2 日、11 月 7 日分别签署的《股权转让及回购协议》和《股权转让协议》两份协议中，通篇认可的都是被告人对章

树峰一方的欠款，多次提到本金、还款、利息。实际上，本案公安机关据这些投资协议形成的立案侦查，是介入了不该介入的公民个人及单位之间的民间经济纠纷。退一步说，如果不把这份协议界定为投资协议，那么上述行为就是名为联营投资，实为借贷的民间经济纠纷，公安机关更不应该插手干预，以办理刑事案件的形式追缴民间欠款。

二、本着慎重用"刑"的原则，重点阐述处理涉案纠纷应当采取的法律途径

本案的基本表现是被告人"欠"款，本质上属于经济纠纷，应该通过协商或者民事诉讼方式解决。在双方（报案方当时是以公司名义）最早签订了《项目投资协议》后，为解决报案人的投资回报问题，双方多次协商，签署了多份协议（其间陆远遥家一辆价值百万元的奥迪轿车也让报案人一方开走抵债），一直在寻求解决之道。

其中，在 2014 年 5 月 2 日签署了《股权转让及回购协议》后，乙方陆远遥便把台安公司 70%（已经完成 50% 的转让）、海南公司 10% 的股权过户给甲方章树峰作为还款保证；被告方承诺在 2014 年 11 月 2 日前归还甲方款项。同时约定，如被告人一方在 6 个月内未归还欠款，甲方章树峰有权处置台安公司 100% 股权，并享有海南公司 10% 的股权。

同一天，甲方公司和章树峰个人又同被告人一方签署了协议书，认定被告人一方已经将投资于台安公司的 2600 万元的成本及收益转让给章树峰，双方无债权债务及任何经济关系，甲乙双方签订的合同终止作废。虽因各种原因，上述两个协议没有得到落实，但印证了双方协商处理投资或欠款纠纷这样一个基本事实。

2014 年 11 月 7 日，在同一天内，作为甲方的章树峰（报案人）先后同

乙方陆远遥、丙方陆雷签署了两份协议。一份是具有实质内容的《股权转让协议》，另一份是具有程序和结论性质的《解除合同协议书》。根据前者约定，丙方陆雷将其持有的台安公司的 30% 股权转让给甲方，乙方陆远遥负责解除台安公司被查封扣押的 64 号院、66 号院部分资产等。本协议履行后，甲方的债务全部抵销。

在同日签署的《解除合同协议书》中，双方又进一步确认以上述 11 月 7 日签署的《股权转让协议》为依据，并声明过去的其他协议全部作废。此协议签订后不久，台安公司的股权全部变更为甲方章树峰所有，即甲方不仅拥有了最早协议中投资开发的 66 号院，并且拥有了不属于原协议范围内的 64 号院。虽然这两个院子的土地资产设有抵押权，但其权属已经为甲方所有。特别需要指出的是，早在案件审理时的 2018 年 4 月至 5 月，涉案的 64 号院、66 号院就已经通过被告人的工作被解除了查封，银行还贷工作也在积极协调。

从法律上讲，作为举报人一方的章树峰已经获得了被告人所属公司的全部股权。不仅如此，双方在每次的股权转让协议中，都约定了纠纷的解决办法首先是协商解决，协商不成的，才诉请甲方或乙方所在地的人民法院管辖。这种管辖约定，也显然是针对双方履行协议发生纠纷后的民事诉讼而言的，约定的是对欠款不还的救济方式。

尤其需要说明的是，2015 年 8 月，章树峰作为台安公司完全的控制方，为了办理房地产抵押贷款，就对涉案的两个地块进行了评估，根据评估结果，涉案的王后大道 64 号院包含楼房 4 座，总价 2418.6 万元，66 号院总价 3044.72 万元，两地块合计总价 5463.32 万元。而台安公司全部股权早在事发的 2014 年 12 月就已经完全变更为章树峰一方所有。也就是说，仅以两年前这个预估的地价结果测算，报案人一方所得到的资产已经远远超过他们当初所谓的 2600 万元"投资款"。虽然当时权益中存在土地抵押等瑕疵，但双方按协议约定实现股权全部变更，章树峰获得了全部土地却是不争的事实。土地本身的估值已经远远大于 2600 万元投资款，更何况开庭审判时该土地已经没有查封扣押手续在案了。这样的案件，理应通过民事诉讼的救济手段予以解决。

三、紧密围绕被告人是否存在主观故意这一核心，通过对客观证据的剖析论证，否定被告人涉罪的主观可能

从全案来看，被告人一方的行为不具备合同诈骗罪的基本特征。一方面，被告人完全不具备非法占有对方钱财的主观故意。从涉案土地来源看，这是被告人通过合法渠道拍卖所得，有完善的土地拍卖手续，且被告人为此支付了近 1800 万元的相关费用。拍得土地后，被告人为保证能够及时开发，在原审批文件过期的情况下，全力清理遗留住户，为开发创造条件，并且积极协调，继续申报有关手续。但因为工作难做，仅清理原住户其就用了三年时间，特别是在后续的工作中，因为政府的规划导致开发工作陷入困境。对上述情况，章树峰一方是清楚的。因此，这种不能开发的情形，不是被告人一方为非法获得他人投资而故意为之，更不能认定为是被告人一方具有诈骗的主观故意。

另一方面，在整个签订和履行合同过程中，被告人一方没有隐瞒真相或虚构事实。不论是签署协议还是后来的协商解决问题，被告人一方从未向对方隐瞒任何涉案情况，也没有虚构事实去欺骗对方。对于解除 66 号院、64 号院抵押一事，陆远遥也考虑通过海南公司等其他公司项目的利润来支付抵押，才和对方签下保证条款。但这并不是欺骗或隐瞒真相，当初谁也没有料到房地产市场这样云谲波诡。

退一步说，即使是被告人一方想赖账，对方也可以根据合同约定，通过民事诉讼的方式予以解决，而不涉及刑事犯罪或合同诈骗问题，更不能以追

究犯罪的方式讨还债务。从法律意义上讲，赖账不是犯罪，是可以依靠法律和证据通过民事诉讼方式寻求解决之道的。简单地说，本案是通过还钱就能够解决的经济纠纷，根本不属于刑事犯罪的范畴。显然，本案虽然看似是一件刑民交叉的案件，但本质上仍是民事经济纠纷案，依据案件本身的事实证据，不能认定被告人一方构成合同诈骗罪。

四、在本案刑事部分的审理过程中，涉案双方有协商解决的意愿，通过民事协商渠道解决存在极大可能

笔者掌握的情况表明，本案在诉讼过程中及案发之前，被告人一方曾经通过转让海南公司的股权来为对方挽回损失，且签署了协议，但最终还是没有解决。这是因为被告人海南公司的主要资产是位于海南某黄金地段、使用期限为 70 年的 65 亩商业用地。该土地因为政策调整等原因，庭审时正在重新办理开发审批手续，有着非常巨大的利润空间。2014 年年初，同等地段使用权 50 年的工业用地，拍卖价格为 500 多万元一亩。而被告人海南公司这 65 亩商业用地的价格约在 700 万元 / 亩，总价值约 4.55 亿元。即使按 40% 股权计算，价值也在 1.82 亿元左右，远远超过报案人要求被告人一方所归还的款项。因此，从一定意义上讲，案发初期，报案人一方是利用被告人一方被公安机关立案侦查并采取强制措施的有利条件，要挟被告人一方签下极不平等的股权转让协议，以无偿获得巨大的资产。即使被告人一方同意将 40% 的股权转让，这也是报案人乘人之危、显失公平的行为，是不具有法律效力的。

由此可见，并非被告人一方不愿意通过转让海南公司股份进行赔偿以解决经济纠纷。问题在于，一方面，对方最早提出的 5200 万元的赔偿数额与事实严重不符。因为投资的保底条款不受法律保护，所以赔偿款不应当是 5200

万元，更何况台安公司股份已经 100% 归甲方章树峰及其公司所有。

另一方面，章树峰一方提出要海南公司 40% 的股份，远远高于被告人一方的欠款。其实，在早期双方的调解过程中，只要甲方章树峰实事求是地降低所要海南公司股权的比例，被告人一方可以让步，双方可以和解，整个债务链完全可以打开，甲方章树峰的权益仍然可以得到最大限度的维护。虽然被告人是在公司负有巨额债务的情况下与台安公司签订了投资协议，但这种做法并非骗取钱财。因为负债经营并不违反法律规定，更何况当时虽然不能进行项目开发，但被告人始终在积极申报有关手续，案卷材料反映出市政府一直在积极开会解决这些问题。从广义上讲，清理老住户、申报土地储备、进行建设规划、通过环保测评等，也是做好开发工作的重要组成部分，这恰恰证明被告人不具备诈骗钱财的主观故意。更何况现在土地已经解封，银行贷款正在归还。因此，本案还是应当以民事诉讼或协商方式解决，并且认定被告人的行为不属于合同诈骗犯罪。

案件庭审结束后，法院经过数月的审慎处理，准确把握了全案本质特征，正确认定案件法律性质，本着既解决问题，又最大限度维护涉案各方合法权益的原则，依法宣告被告人陆远遥无罪。

段某某为什么不构成合同诈骗罪

被告人段某某系某国有矿业公司的科级干部。2012 年 10 月，段某某受该矿业公司领导 G 某某指派，赴 N 省 e 地代表天地公司（前述矿业公司下属企业）出售位于 e 地的兴华煤矿。其间，N 省 e 地的特华集团因面临煤炭企业整合重组正急于购买煤矿以扩大产能，保留煤矿整合主体资格。特华集团遂主动派人找到段某某，意图购买兴华煤矿。

在 G 某某及双方主要领导的参与下，双方经多次协商沟通，达成特华集团以 3.78 亿元购买兴华煤矿的协议，经 G 某某授权，段某某代表天地公司签署煤矿买卖协议。协议同时约定，双方确认，出卖煤矿一方已经向国土资源部门交纳了煤矿储量为 2751 万吨的资源价款，煤矿储量以新的储量报告为准。买卖协议签署前，特华集团已经向 G 某某领导的天地公司支付了预付款 5000 万元。合同签署一个多月后，特华集团付清了 3.78 亿元的购矿款项。在双方签署价款为 3.78 亿元的协议之前，特华集团还与天地公司签署了价款为 8 亿元的买卖协议。8 亿元的买卖协议被特华集团用于银行贷款 4 亿元，所贷款项用于购买天地公司所出售的煤矿。据双方约定，天地公司保留了部分施工队伍，用于帮助特华集团进行煤矿建设。

2012 年 12 月中旬，根据特华集团的要求，段某某向该集团提供了一份煤矿勘察设计报告，该报告载明交易煤矿储量为 4119 万吨。此前，双方已经于 11 月完成煤矿买卖交易。2014 年 6 月，特华集团以所购煤矿没有达到双方协议约定的 4000 多万吨的"新储量"标准，天地公司出售煤矿存在诈骗情况为由，举报天地公司及段某某等人涉嫌合同诈骗罪。

2020 年 6 月，段某某等人被 e 市公安局以涉嫌合同诈骗罪为由刑事拘留，继而又被依法逮捕，经侦查、审查、起诉等法定程序后，案件被依法提起公诉，交付法院审判。

2021 年 11 月下旬，e 市中级人民法院公开开庭审理了由 e 市人民检察院提起公诉的段某某等人涉嫌合同诈骗罪一案。法庭上，以段某某辩护人为首的所有被告人律师，全部提出了段某某等涉案被告人不构成合同诈骗罪的辩护意见。法庭经过举证、质证、双方辩论、被告人最后陈述，决定暂时休庭，择期宣判。此后不久，经法院与 e 市人民检察院沟通，检察机关主动撤回对段某某等人合同诈骗罪的指控，法院裁定准许公诉机关撤诉，本案以段某某等人不构成合同诈骗罪而终。

作为本案核心被告人段某某的辩护律师，笔者在办理本案过程中的主要做法有以下几个。

一、从严格审查涉案合同签订和履行的基本情况入手，紧密围绕犯罪构成及相应的事实依据，直接论证涉案天地公司及被告人段某某不构成合同诈骗罪

本案是基于煤矿企业兼并重组过程中，并购方主体公司，即被害人特华集团认为转让煤矿的天地公司虚增煤矿储量，造成自身财产损失，而以对方涉嫌合同诈骗罪作出刑事报案而成。对天地公司及段某某等人的行为，究竟应该认定为刑事犯罪中的合同诈骗罪，还是应当认定为企业经营中的民事欺诈或经济纠纷，值得我们去研究探讨。笔者认为，从涉案合同的签订、履行，到其依据的价格标准等一系列情况看，认定天地公司及段某某等人实施合同诈骗，事实依据不足。

一是从合同的价款情况看，天地公司和段某某并没有隐瞒真相。一个不可否认的事实是，天地公司早期购买煤矿是依据储量 2751 万吨的有效储量报告，出资 2.7 亿元，并据此如数上交了相应的资源价款，又实际投入了大量资金用于煤矿开发改造和建设相关设施。这些都是特华集团知道的。而特华集团之所以举报天地公司合同诈骗，是源于双方于 2012 年 10 月 16 日签署的《股权转让协议书》。在这份特华集团指控天地公司诈骗的核心证据中，双方约定："确保国土资源厅批准的 2751 万吨的资源价款已经缴清，乙方同意以此价格受让该股权"，这是双方签署合同唯一有效的定价依据。毫无疑问，这

一约定的前提是作为举报人的特华集团，确认购买兴华煤矿，认可合同约定的煤矿有效储量为上述 2751 万吨资源价款对应的储量，进而确定转让总价款为 3.78 亿元。虽然协议中也约定了"煤炭资源储量以新勘探的储量报告为准"，但对于本宗交易而言，按照约定，新报告即使出来，总价款也不会再增加，这个总价款对应的储量底线起点仍然是 2751 万吨。

不仅如此，上述内容还在 7 个月后得到了特华集团的进一步确认。2013 年 5 月 2 日，特华集团负责人丁某某和天地公司张某某分别代表双方在 N 省国土资源厅再次签署了基本内容相同的《采矿权转让合同》，作为该项煤矿买卖合同的继续。其中第七条第三款明确规定："乙方（指特华集团）签订前已详细阅读了该采矿权的所有技术培训经济资料，并经过踏勘，同时对该采矿权周边的社会环境作了充分调查和论证，乙方承诺受让该采矿权后的一切风险由乙方承担。"关于这一点，报案人丁某某在最早的报案材料及 2020 年 5 月以前的多份笔录中，也没有予以否认。

从法律意义上理解，一方面，新的储量报告和交易总价无关。另一方面，按照煤矿买卖生产的规范要求，新的储量报告必须合法有效，方可作为交易的标准和条件。本案当中，虽然在合同签订并履行完毕后，段某某作为公司指定的业务承办人，向特华集团提供了新的储量报告，但这个报告从基本形式上看就不符合煤矿买卖的基本要求。根据 2007 年 10 月 22 日国家安全生产监督管理总局发布的《煤炭地质勘查报告编写规范》的规定："煤炭地质勘查报告按照政府有关矿产资源储量评估备案的规定，经初审后送交相应储量评审机构评审备案，并由报告编写技术负责人按照评审中提出的修改意见组织对报告的修改。""煤炭地质勘查报告经评审备案后，应将评审备案文件作为附件附于报告中。""评审备案后复制的煤炭地质勘查报告，按照政府有关地质资料汇交的规定进行汇交。"本案所谓的 4119 万吨的储量报告，实际上就是前述的勘查报告，没有经过评审向地质资源管理机关备案，没有按照文件要求评审汇交，当然不能作为煤矿交易的有效报告，更没有由此造成特华集团受让价款的增加。特华集团从基本的交易常识中应该明知这份储量报告是无效无用的，更不能将其作为交易的参考标准。从法律上讲，无效的报告应该视为根本不存在。只要严格遵循交易规则，就不可能采信这样的报告。实际上，这份无效的报告在客观上也并未对特华集团此后的主体资格申报、兼并重组等行为产生实质性影响。由此，他们的报案也就失去了基本的事实依据。

二是特华集团兼并重组及申报审批工作，实际上是以储量2751万吨为依据的。案卷中的相关证据可以证实，在特华集团收购兴华煤矿两年后的2014年10月29日，北京某评估有限责任公司对特华集团的资产进行评估，认定其煤矿年产量为690万吨，其中兴华煤矿的年产量为90万吨。而该评估中的年产量90万吨，正是根据煤矿出售前2751万吨的有效储量报告得出的，双方转让协议确认的资源价款对应的年产量也是90万吨。依据这一评估报告，特华集团才得以达到作为兼并重组主体企业的标准，通过验收，上报备案。这些情况完全否定了特华集团后来在报案中声称的，买矿是将4119万吨储量报告作为定价依据的说法。

除此之外，2014年12月12日，N省煤企兼并重组领导小组先是发文同意特华集团的兼并重组；12月15日，又发文对公司办理相关安全生产许可证及采矿许可证等事项予以明确，并进行验收。这一系列操作行为没有一个是依据储量为4119万吨的报告而实施的。

三是根据特华集团前期报案的材料及丁某某的询问笔录，特华集团认可的煤矿储量也为2751万吨，不涉及储量为4119万吨报告的问题。在案证据资料表明，特华集团最早启动刑事报案是在2014年6月至7月，即涉案煤矿买卖协议签署的2年零8个月后。即便在签约后如此长的时间里，特华集团的报案也是以天地公司实际交付了2751万吨储量的资源价款为依据，没有提及所谓的4119万吨储量报告的问题。关于这一点，公安机关在此后针对丁某某的询问笔录中曾专门提及。即使到了 2020 年 5 月 20 日，丁某某在接受公安机关询问时，也明确讲道："开始计算的价格是储量 2751 万吨，按单价 16 元计算，煤矿价值 4.4 亿元，特华集团出资 3.78 亿元，当时市场上煤价是 50 元一吨，买下煤矿也划算。"虽然丁某某后来解释说，他们认为即使当时储量定为 2751 万吨，天地公司也是在以根本不具有真实储量的煤矿进行出卖，也已经构成虚构事实，隐瞒真相，涉嫌合同诈骗犯罪。这种说法显然不能成立。因为无论是报案的特华集团还是后来介入调查的公安机关，都没有确实充分的证据来证明储量为 2751 万吨的报告内容不真实、不合法，没有推翻这一报告的新证据，更不能由此得出天地公司提供的储量 2751 万吨报告为假的结论。

四是所谓储量为 4119 万吨的"报告"正式出笼，双方已经完成交易。翻翻案卷不难发现，无论是出具 4119 万吨勘验设计报告的相关单位和人员，还是向特华集团递交 4119 万吨储量报告的被告人段某某，都清晰地记得，在这个报告形成时，特华集团已经和天地公司交易完毕。其中，报告出具人在相关的笔录中清晰地讲道："地质勘探队给勘验报告盖章是在 2012 年 12 月 17 日，之后由被告人段某某交给特华集团。"而从案卷书证看，天地公司和特华集团签署转让协议的日期是 2012 年 10 月 16 日，在此前的 2012 年 8 月，特华集团就自愿支付了 5000 万元定金，丁某某笔录也对此予以确认。10 月 18 日，特华集团支付了 1.5 亿元；11 月 2 日，支付买矿款 2.5 亿元。也就是说，在所谓涉案储量为 4119 万吨的报告出来之前，双方已经完成了这宗煤矿交易。这一结论也得到了本案证据卷中相关资料、公安机关的情况说明及 N 省地质勘探集团纪委结论的认定。

笔者认为，煤矿买卖之后两年内发生的这些事件表明：此宗煤矿买卖事项中，基于兼并重组这一大的背景，特华集团更关注的是有没有煤矿可供收购、兼并重组主体资格能否保留，验收过程中依据的实际储量是 2751 万吨。如此说来，虽然天地公司及段某某提供了所谓储量为 4119 万吨的报告，但这个报告形成于煤矿交易成功之后，且没有经过备案审查向政府汇交，并未被特华集团用来作为申报和交易的定价依据。那么，其后期向巡视组反映所说的天地公司及段某某等人以储量为 4119 万吨的虚假报告进行合同诈骗，缺乏基本的事实依据。

二、从被害方一系列反常的涉案操作切入辩护，进而深抓不放，大胆提出买矿的主动权、决定权在"被害人"一方的辩护观点

笔者认为，特华集团在购矿过程中主动出击，甚至不惜实施一系列反常的、违规的操作，这是他们能够成功购买煤矿的决定性因素。因为无论是从维护国家能源安全还是从维护公司合法权益，以及保护当事人自身利益的角度看，煤矿的买卖都涉及当事人各方重大利益和关切，需要各方严守规程，慎重行事。在本案当中，作为出资并购兴华煤矿的一方当事人，特华集团在多个环节上存在反常现象，甚至对相关的必经程序忽视怠惰，在很大程度上对本起交易的成功实施起到了决定作用。

一是没有严格审查卖矿手续，没有严格遵循收购程序，为完成表面的扩大产能规模而匆忙买矿。作为一笔交易金额达几个亿的股权转让合同，涉案煤矿无论是属于国有还是其他民营公司所有，其出让受让行为都必须遵循相应的程序，如经上级主管单位批准或经股东会形成股东决议。特华集团负责人在笔录和报案中均明确提到这一点。而本案中，在兴华煤矿的出售中，出卖一方的天地公司没有提及其是否履行上述相关程序，购买一方的特华集团也没有过问、核查或要求天地公司出示上述手续。双方仅凭几次见面沟通、口头议价，就签下了总值数亿元的股权转让合同。作为出资数亿元受让煤矿股权的特华集团，其急切购矿、拼凑扩大产能之心由此可见一斑。

二是对没有合法有效新储量报告的煤矿，积极主动出资购买。购买煤矿，储量是最基本的、核心的要素，而经过评审和备案的正规储量报告是进行实际交易的必备有效文件，是国土资源管理部门规定的硬性条件。在本案中，特华集团和天地公司之间经过几轮面谈就签署了买卖协议。依据天地公司方面提供的 2751 万吨资源价款交付凭证，进行了产权过户。虽然特华集团一再声称总价 3.78 亿元的购矿协议是基于天地公司所称煤矿储量为 4119 万吨签署的，而实际情况是，如此重大的交易事项，特华集团在实际签署协议时，并没有任何关于储量为 4119 万吨的有效书面报告，在签署后的一定时期内也没有其他任何合法有效的评估报告。退一步讲，即使作为行业惯例，也不能如此草率地签下这样的合同。虽然合同约定"以新勘探的储量报告为准"，但所谓新的储量报告，既没有经过相应的程序进行专家评审，也没有到相应的管理机构进行备案，不符合原国土资源部相关规定之要求，根本不能作为煤矿买卖的储量依据。这样的报告对煤矿股权转让无任何用处，应当视为不存在，根本不能作为双方买卖煤矿进行交易的依据。因为没有新的合法储量报告，甚至直到今天，仍然可以认为涉案合同所涉煤矿是储量未定的状态。

三是对证照不全的兴华煤矿情况视而不见，刻意收购。正如特华集团负责人丁某某在其笔录中所讲，虽然公司被保留了兼并重组的主体，但是其产能要达到年产 1000 万吨，否则相应的政策优势就会化为乌有。众所周知，煤矿经营必须具备"五证一照"，即煤炭生产许可证、采矿许可证、安全生产许可证、矿长资格证、矿长安全资格证、工商营业执照。而本案的情况是，特华集团明明知道兴华煤矿当时只有三证一照，缺乏煤炭生产许可证和安全生产许可证两个重要的证件，但仍然积极购买。此前发动职工寻找卖矿线索，后来通过中间人主动联系段某某，刚一接触，就主动交了 5000 万元定金。这种置自己可能的利益损害于不顾的行为，显然和其意图保留煤矿兼并重组资格所需要的产能标准有关。

需要特别说明的是，面对这样一种煤矿现状，特华集团在进行了两次实地考察之后，仍然确定购买。不少涉案人员都在笔录中讲道，兴华煤矿的实际储量到底如何，有没有开发开采和建设价值，稍微有一些煤矿开采经验的人只要亲自下矿，到矿井中走一走、看一看，心中就有了大概底数。本案中，在煤矿行业打拼多年的特华集团的领导丁某某、作为其亲信的中介人宋某某，都是当地人。公司下属企业有多家就在煤矿所在地的附近，包括一家热电厂。丁某某、宋某某二人在行业内部、在兴华煤矿附近打拼多年，接触兴华煤矿的时间比天地公司更早更久，理应更加了解情况。更何况二人事先还两次带领相关人员进行了实地"考察"，其中一次是公司的常务副总带领十多个人下井实地考察。作为专业团队，具有这样的背景并经过考察，其对井下煤层的实际状况、公司的产能、煤矿存在的问题等情况，更应当知悉。事实上，也正是在这次下井考察之后，特华集团才在三天后果断决定签约，购买煤矿。这些反常操作使我们不得不得出这样的结论：无论存在什么问题，煤矿都必须购买，其他问题留给买矿以后解决。

三、从构成犯罪的"排他性"条件出发，引导法庭认清"被害人"参与案件过程的其他动机和目的，加大排除被告人涉罪的可能性

根据《刑事诉讼法》的规定，定罪量刑必须证据确实充分。而证据确实充分的条件除"定罪量刑的事实都有证据证明，据以定案的证据均经法定程序查证属实"两点外，最重要的一点是"综合全案证据，对所认定的事实已排除合理怀疑"。综观本案，不难发现在特华集团急于购买兴华煤矿的背后，公司另有其他投机目的和经营企图。

一是急于并购，以享受政府相关的优惠政策。自 2011 年上半年开始到 2012

年年底结束，N省e市展开煤矿企业兼并重组整顿工作，根据相关文件，这次重组整顿，全市保留的八家煤矿企业兼并重组主体中，特华集团位居第七。想要真正实现企业的兼并重组，确保整合主体资格持续有效，集团必须达到政府规定的规模化经营条件。在这些条件当中，据特华集团负责人丁某某自己所讲，作为意图保留煤矿经营资格的企业集团，要求煤矿年产量达到1000万吨是一个重要条件，也是特华集团的兼并收购目标。只有这样，集团公司才能享受政府在用水、用地、用电、铁路运输、资源配置、税收减免、融资渠道等多方面的政策优惠。基于此，作为本案"受害人"的特华集团，在兼并重组政策出台后，动员职工积极寻找煤矿出售信息，并通过宋某某主动联系天地公司，表达购买意向。在没有明确约定煤矿储量的情况下，就急于签署协议，下定了出资3.78亿元购买兴华煤矿全部股权的决心。根据案卷材料，在2011年一年时间内，特华集团先后并购了另外三座煤矿。虽然如此，特华集团想要达到政府规定的兼并标准，完成煤矿整合任务，仍然具有一定困难，这也是特华集团急于收购兴华煤矿的重要原因。

二是利用购买煤矿之机，骗取银行贷款，进行违法融资。特华集团负责人丁某某曾在询问笔录中明确讲道，当时特华集团申请的是并购贷款。也就是说，如果不用来并购煤矿，银行就不可能给他们发放贷款。从一定意义上说，只有收购了煤矿，特华集团才能从银行申请4亿元的相关贷款，获得运营资金。正是基于上述贷款和融资的目的，特华集团才不顾煤矿质量情况，首先和天地公司签署了并购价格高达8亿元的煤矿买卖合同。特华集团在向银行提交了标的额为8亿元的煤矿并购合同，完善了购买煤矿的银行贷款手续后，立即和天地公司签署了将上述煤矿并购合同作废的协议，并重新签订价款为3.78亿元的并购合同。在案书证显示，在银行下放贷款后，特华集团累计向天地公司的工商银行账户分8笔转入8.3亿元款项；此后，又发函催回，先后分10笔将转入天地公司的款项收回5.3亿元。这一过程得到了在案书证和特华集团负责人丁某某等人的证实。可以想象,特华集团以 8 亿元的虚假合同获得银行贷款后,所得贷款如果不用于购买兴华煤矿,那么特华集团相关主管责任领导、直接责任人员,就可能因涉及更严重的贷款诈骗或骗取贷款犯罪而被追究刑事责任。从这一意义上讲,即使没有段某某出面,即使没有那份所谓的虚假报告,这起煤矿买卖事件仍然会发生。只有让特华集团实际购买了涉案煤矿,天地公司才完成了履约,丁某某等人也才有可能规避或降低相应的刑事追责风险。

三是通过收购,扩大产能和经营规模,进行资产整合,将公司包装上市,获得更大的融资规模。据段某某的供述和宋某某的证言,特华集团之所以在匆忙受让兴华煤矿股权将近两年后才进行刑事报案,一个重要原因是,其在公司收购相应煤矿后,没能如期在我国香港地区上市,公司融资计划失败,造成购买兴华煤矿留下的亏损无法补齐。相反,如果特华集团相应的实体公司能够如期上市,能够回笼大量资金,购买兴华煤矿的亏损能够补齐,也就不会发生后面的一系列问题。因此,我们不能排除特华集团为了达到公司上市回笼资金等目的而首先购买,在获得相应"巨额收益"后再解决其他问题的可能。关于特华集团的上市问题,宋某某在证据卷的询问笔录中也有证明。这种假设如果存在,司法机关再把天地公司及段某某等人的行为定为合同诈骗,结论显然有失公平。

四、遵循刑法的谦抑性原则,严谨审慎地提出解决涉案问题的其他法律出口,为法院高质量处理好案件提供新的思路和可能

按照刑法的谦抑性原则,要追究一个人的刑事责任,必须是针对其涉案行为,除以刑事手段追究其责任外,已经没有其他法律解决的途径。笔者始终认为,本案中天地公司及段某某等人的行为不能排除存在民事欺诈成分,可以按民事纠纷依法处理。具体表现在以下几个方面。

一是储量为 4119 万吨的储量报告并没有作为煤矿交易的真实定价依据。从案件相关的证据情况看，天地公司确实在签署兴华煤矿股权转让协议后，向特华集团提供了储量为 4119 万吨的勘查报告。相对于双方签订合同之时对应的 2751 万吨资源价款的储量，这个报告虚增了 1368 万吨。需要说明的是，表面看来，本案中虚增储量的情况确实存在，但作为虚增依据的储量报告，既没有评审，也没有备案，完全不符合交易要求，不能作为煤矿买卖中定价交易的依据，报告的不确定性恰恰证明了该储量报告是用于煤矿生产的参考之用。3.78 亿元的转让价款早在这个报告形成之前就已经确定并履行，对于这一点，特华集团是明知的，案卷中也没有确实充分的证据表明特华集团支付的购矿款项所针对的储量是 4119 万吨。从这一意义上讲，所谓储量为 4119 万吨的报告，在本案中并没有对决定出让合同的总价款发生影响。更何况按照股权转让协议，天地公司实际收到的款项不仅是特华集团单纯购买所储煤炭的款项，还是整个煤矿公司的股权转让款项，包含了煤炭资源之外的矿井和设备、设施，所征用的土地，以及地面房屋、办公楼、办公设施，道路及附着物等全部资产，这些涉案物品和资产都是真实有价存在的。从这个意义上讲，天地公司为使煤矿在原投资基础上多卖些价钱，虚构了一个无效的高储量报告，由此造成的纠纷显然以民事欺诈行为处理更为合适。至于段某某个人，出于完成领导交办的工作，没有个人非法占有之目的，何谈诈骗？个人的非法占有所得又在哪里？

二是从天地公司出卖涉案煤矿的动机和目的来看，对卖矿作假行为以民事欺诈行为进行认定比较稳妥。案件事实表明，当初天地公司以 2.7 亿元购买储量为 2751 万吨的兴华煤矿，其资金来源于协庄煤矿的职工集资。不仅如此，公司在购得煤矿后，投入了大量资金用于煤矿的开发和技术改造，以及建设相应的采煤设施，包括建设办公大楼、开掘巷道、铺就道路等，这些都是天地公司实实在在的资金投入。此外，在天地公司得到相应的卖矿收入后，首先将资金用于返还职工的集资，依法缴纳税款。因此，无论是天地公司还是参与实施卖矿行为的段某某等人，其基本动机和目的都是通过卖矿偿还公司欠款，帮助公司走出困境。也就是说，从所谓的"诈骗"动机到钱款的基本去向，并非合同诈骗犯罪中的以非法占有为目的，本案的本质是天地公司以愚笨拙劣的欺诈手段，虚增煤矿储量，意图抬高卖矿价格，多获收益，以返还公司对职工的欠款。因此，对天地公司和涉案个人的相关行为，不应当以刑事手段进行追究。

三是从交易之后解决纠纷的情况看，双方多次就返还资金和赔偿问题进行沟通商讨，均按民事纠纷处理。矿产交易成功后，天地公司与特华集团曾就解除买卖合同，依法进行返还等问题多次进行协商。双方公司的高层领导多次互有往来，根据案卷记载，仅 G 某某带队到 N 省主动协商就有三四次之多。除此之外，丁某某也曾带人专程到天地公司所在地协商解决，有的协商还是在时任 e 市副市长的主持下进行的。回想本案，双方在案发后不仅多次协商，寻求解决方案，甚至双方高层，包括副市长都出面组织会议，进行解决。试想，有哪个诈骗犯罪活动，会有副市长参与双方协商解决纠纷？有哪个诈骗案件的犯罪人员在骗完钱物之后，仍在被骗处停留工作达一年之久？之所以双方未能就返还问题达成一致，一方面是因为天地公司方面认为收到的款项只有3亿元，另一方面是因为特华集团提出了多达5亿余元的返款要求。如果出于非法占有的骗钱目的，为什么前期还要同意返还那么多资金？在双方多次讨价还价无法达成一致后，特华集团才在 2014 年 6 月向公安机关举报天地公司涉嫌合同诈骗，要求对其进行刑事追究。从签署股权转让合同到进行刑事举报，前后历时 20 个月的时间，这样的经历也从一定程度上印证了双方的分歧属于民事纠纷。

四是从本案的现实情况看，相关民事诉讼尚在诉讼过程中。实际上，特华集团早在 2018 年已就本案相关经济纠纷，向 N 省高级人民法院提起了民事侵权之诉，历经两年多时间。直到 2020 年 6 月，本案在 e 市公安局刑事立案后，该民事诉讼还在开庭审理当中。实践告诉我们，对这样一起看上去似乎是刑民交叉的经济案件，作出刑事处理一定要十分慎重。

从刑法的谦抑性原则来说，能通过民事途径或者行政处罚的方式解决的纠纷就应当通过民事行政方式解决，而不应当把民事纠纷拔高为刑事案件，将经济生活中存在的民事欺诈行为当作刑事案件来处理。否则，很有可能出现像 N 省法制办在审查报告中所讲的情形，破坏经济环境，影响经济活力，影响资金投入。

就本案而言，特华集团不止一次进行刑事报案，申请复议复核，各级公安机关均进行认真调查审查，最终结果均认定案件为民事经济纠纷。前述公安机关经依法调查，审慎得出的结论都有其各自的事实根据和法定理由。特别是案件步入民事诉讼法律轨道后，省高级人民法院在近两年的审理过程中，没有提出该案天地公司及段某某等人涉及刑事犯罪的疑问，没有认为其中有段某某等人的刑事犯罪线索，这显然是对本案民事性质的进一步确认。因此，把本案作为民事案件的经济纠纷审理，体现了此案的法律本质。

最后需要特别强调的是，特华集团在报案时一再声称，其收购的兴华煤矿没有相应的储量，但直到案件休庭，公诉机关也未能提供经过科学勘探，继而作出鉴定评估，且有科学权威的关于整个兴华煤矿的无储量报告，也没有任何具有法律效力的相应报告来否定经过评审备案的 2006 年那份储量为 2751 万吨的报告。公诉机关对于 4119 万吨报告不认，对于 2751 万吨报告也不认，那么实际储量报告是多少，特华集团报案的储量依据又在哪里？兴华煤矿煤田面积 5.4 平方公里，涉案报告中所涉及的钻井打孔面积不到 1 平方公里，如何能确定矿中无煤？风化煤是不是煤？应该怎样定性，本案也没有给出法律结论。单凭报案人的口头说明，无法确定所涉案件的兴华煤矿确实真的不具有相应储量，更无法确切认定天地公司有弄虚作假、虚构事实、掩盖真相的诈骗行为。这些问题，公诉机关如果不给出明确的具有法律意义的结论，就不能妄谈对段某某等人的定罪处罚。

综合上述多个方面的意见，笔者认为，对天地公司及段某某而言，不应当以合同诈骗罪追究刑事责任。因此，合议庭应审慎研究，严格遵循定罪量刑的法定证据标准。

经依法沟通，公诉机关提请撤回了对被告人天地公司及段某某合同诈骗罪的指控，法院裁定准许了公诉机关的撤诉申请，本案以段某某等人不构成合同诈骗罪而终。

对鉴定意见质证要把握的四大要义

随着刑事诉讼活动的日趋细化，作为重要刑事证据的鉴定结论或鉴定意见，在确认案件最终结论上越来越具有决定性作用。在故意杀人、抢劫、强奸、走私、贩毒等严重的暴力性犯罪中，有时一份鉴定结论就能直接关乎被告人的生死。因此，在诉讼实践中，作为诉讼重要参与者之一的辩护人，一定要注意对鉴定结论的质证和辩论，科学严谨地发表质证和辩护意见。

对于存在疑问或问题的鉴定结论，辩护人一定要依法采取措施，进行必要的重新鉴定申请，或者提出否定性质证意见，严防因为自身工作懈怠而形成错误的鉴定结论被法庭所采纳，进而酿成错误的判决结果，力争尽最大努力维护被告人的合法权益。

在具体的司法实践中，辩护人如何对鉴定结论进行质证，才能使存在问题的鉴定结论不被采纳，以保证辩护工作卓有成效呢？本书试图联系一起真实案例，对这一问题加以阐述。

2016年7月，H省某反贪局以涉嫌挪用公款罪决定将张某刑事拘留，后又决定予以逮捕。同年年底，公诉机关以挪用公款360万元对张某提起公诉。

在指控张某犯罪的诸多证据中，有一张关于挪用公款归个人使用的转账支票。经侦查人员委托，H省的LT司法鉴定中心对这张支票上的收款人"某有限责任公司"等字迹出具了鉴字第57号鉴定意见书，鉴定结论为张某书写。

辩护过程中，在张某对鉴定结论持有疑问，始终不承认支票为其本人填写的情况下，笔者先向公诉机关提出重新鉴定的请求。在公诉机关不予理睬的情况下，笔者围绕该司法鉴定意见在办理委托程序、获取样本过程、遵循鉴定规范等具体鉴定细节方面存在的问题，充分进行法庭质证和辩论；同时通过鉴定咨询，依靠专家辅助人出庭就专门问题进行说明，依法申请鉴定人到庭接受询问等方式，提出了彻底否定该鉴定结论的质证及辩护意见。

最终，法院依法全部采信了笔者的该项辩护意见，作出了对被告人张某有利的判决。

在此案中，笔者作为辩护人的主要做法有以下几个。

一、明确提出侦查人员在样本收集过程中存在的倾向性问题

在司法实践中，对涉案相关文书进行笔迹鉴定往往对突破案情、确认犯罪嫌疑人是否有罪有着十分重要的意义。特别是对于有手写字迹的书证，一

且作出同一认定，很可能一锤定音。

鉴于此，在具体办案过程中，如何提取鉴定所需样本，尊重科学需要，保证样本客观、公正、真实，有可用价值，就成了文书鉴定，特别是笔迹鉴定中最为关键的一环。在这方面，从司法实践和有关专家的著述来看，样本提取必须遵循以下几个方面的做法和惯例：一是提取样本的时间应当尽可能与检材形成的时间相同或相近；二是样本和检材用来书写的笔墨材质应当尽可能相同；三是样本应当是在自然状态下正常书写完成；四是严防将临摹检材形成的样本用来进行鉴定。

本案中，经笔者调查了解，鉴定样本的提取恰恰在上述诸方面存在严重的倾向性问题。检察机关认定挪用公款犯罪的重要证据之一是那张将公款从某银行转入私人公司账户的支票，填写时间是 2010 年 9 月 3 日。在被告人张某本人明确否认填写了转账支票收款人和付款银行的情况下，侦查机关进行笔迹鉴定确实必要。但鉴定的样本，理应提取在案发的 2010 年前后，张某本人在自然状态下书写的字迹，这样更接近检材书写的时间和形态，从而提高鉴定的准确性。而本案用来进行笔迹鉴定的样本，是 2016 年 7 月 6 日晚，归案当天，在张某辗转多处，不停地接受讯问后，主办侦查人员拿出事先备好的支票（检材）复印件，责令张某对照上面的"某有限责任公司"几个字，连续模仿抄写十遍而成。这样照猫画虎，按检材内容抄写形成的样本，由于书写出的许多笔迹特征接近检材，违反科学，更容易形成具有倾向性的同一鉴定结论，故明确为笔迹鉴定行业惯例所禁止。

对此，法律出版社 2012 年 12 月出版的"新阶梯法学教材"《笔迹学》中予以了明确阐述。该书第 64 页，在收集样本的注意事项中明确讲道："不得用笔迹检材原件或复制件让犯罪嫌疑人直接抄写。"而侦查人员恰恰在该项鉴定中违反了这一行业惯例。

实际上，要对本案转账支票书写人是否为张某作出准确结论，只需翻翻过去的账本，提取支票形成前后张某在账本上留下的相应笔迹，作为样本进行鉴定即可，这样的结论才更真实可靠。然而，相关办案人员出于省事，偏偏以模仿书写的字迹作为样本去做鉴定，从而得出了"同一"的认定结论。对上述问题，笔者在法庭上均明确予以提出，并强调对鉴定结论不予认定。

二、坚决否定不具备鉴定条件，强行鉴定得出的同一认定意见

本案中，在 LT 司法鉴定中心对检材 2 进行鉴定的过程中，侦查机关提取的样本系张某在《讯问笔录》中补充添加的字迹，其中与检材 2 相同的单字有"支""会"两字，如此样本，可供单字对比的字数太少，没有达到笔迹鉴定所要求的单字特征比对数量，无法进行单字细节特征对比。但该司法鉴定中心置这些鉴定的必备客观条件于不顾，只是简单笼统地对整份样本作了概貌分析，没有进行单字书写特征、偏旁特征、笔画特征比较，就匆忙得出了"同一"的鉴定结论。尤其令人吃惊的是，检材 2 明明与样本存在"支"和"会"两个相同的字，但鉴定机关却在检验报告中声称"检材 2 与样本虽然没有相同字，但全篇在字体布局、书写风格、行笔的惯性特征方面，相近点明显多于差异点……"明明有相同的字，鉴定人员却说没有。也就是说，鉴定机关根本没有进行字迹比对就得出了"同一"的鉴定结论，只能说明这个鉴定人员没有进行正常鉴定，整个鉴定根本不具有真实性。

针对这一情况，笔者在法庭上也结合鉴定结论和卷内相关书证，坚决大胆地提出了否定意见。

三、突出强调委托鉴定和"告知"程序方面存在的违法违规问题

我国的司法鉴定机构实行公安司法机关内部鉴定、地方司法行政机关管

理的社会鉴定机构并存的双轨制鉴定形式。根据最高人民检察院制定的《人民检察院司法鉴定规则（试行）》第十一条之规定，人民检察院因办案工作需要委托地方司法鉴定机构进行鉴定的，应当经本级或上级人民检察院的检察技术部门统一办理委托手续。本案中，地方司法鉴定机关并没有经过这样的程序。庭审中，笔者明确要求到庭接受询问的鉴定人员出具相关手续，但直到法庭审理辩护结束，法官宣布休庭，对方也没能出具省级人民检察院技术部门对该案司法鉴定的委托手续。因此，地方司法机关的鉴定存在明显的违规之处。

不仅如此，在鉴定结论的告知过程中，侦办人员也存在严重的违法行为。《刑事诉讼法》第一百四十八条规定："侦查机关应当将用作证据的鉴定意见告知犯罪嫌疑人、被害人。如果犯罪嫌疑人、被害人提出申请，可以补充鉴定或者重新鉴定。"本案中，在笔迹鉴定意见形成后，案卷中并没有关于"告知"的相关材料入卷。而负责侦办的人员也没有将用作证据的 LT 司法鉴定中心的鉴定意见书相关内容交付张某进行阅看和确认。相反，只是以一个自己打印的书面结果进行"告知"，并要求张某签字确认。这样的告知方式使张某无法看到原本盖章的鉴定意见，如何鉴定真伪？如何对鉴定的程序是否合法等进行识别评判？又如何签字确认？

鉴于上述情况，笔者在案件审查起诉之初就及时向公诉机关提出了该鉴定中存在的诸多问题，提出了重新鉴定的申请。在没有得到相应的回应后，笔者只好在法庭质证阶段，再次突出强调上述问题，以确保质证效果。

四、大胆使用能够否定错误鉴定结论的诉讼措施

针对该项笔迹鉴定结论存在的上述诸多问题，为确保法庭不采信这一存在严重问题的笔迹鉴定结论，笔者一方面依法启动专家辅助人制度，请专家

就该项鉴定结论作出权威评判，并依法向西南政法大学司法鉴定中心的专家就上述问题进行咨询。专家根据笔者提供的原鉴定意见书和张某于2010年9月前后在自然状态下书写的字迹，经过比较，出具了书面咨询意见书。在这一书面意见中，专家经过科学比对论证，认为前述鉴定意见书存在七个方面的问题，否定了原鉴定意见中"同一"的认定结论。同时，为保证咨询结论的科学公正，我们又根据《刑事诉讼法》的相关规定，请专家出席法庭审理，就相关鉴定的专业性问题进一步作出专家说明，从而让合议庭成员更加明确地认识到原鉴定意见书存在的问题。

另一方面笔者极力征得法院的同意，让鉴定人到庭，当庭接受询问并作出说明。在法庭举证、质证过程中，笔者围绕委托鉴定程序、样本的提取、样本字迹的提炼、鉴定资格和条件等多个方面对鉴定人进行发问，让该项鉴定的违法违规及虚假之处完全暴露在法庭审理之下，让鉴定人对笔者的多项发问无言以对，极大地强化了法庭效果。最终，法院全部采信了笔者对该项证据的否定性质证和辩论意见，保证了案件结果向着有利于被告人张某的方向发展。

为亏本做生意的"诈骗犯"进行无罪辩护

2018年下半年到2019年间，国际油价连续长期下行。浙江某地的某国有石油公司（以下简称浙江公司）的业务员辛某，急于将手中库存的5000吨柴油出手，一方面以减少公司亏损，另一方面是为了保证完成自己的年度销售业绩指标。

2018年11月初，辛某经人介绍，找到了天津滨海某石油公司（以下简称天津公司）的李某，希望天津公司能够帮忙，暂时接下浙江公司的 5000 吨油料，以解浙江公司及辛某个人之困。鉴于国际油价仍在不断下行，接手后明显会赔钱，李某当时并不同意接收该批油料。后双方经进一步协商，达成口头协议。由天津公司暂时赔本接收浙江公司的 5000 吨油料，同时，双方建立长期合作关系，待国际油价上行后，李某通过长线售油，逐渐赚取利润。具体合作是采取赊销的方式，由浙江公司优先向天津公司供油，以第二批油料的销售款支付第一批油料价款，依次类推。双方在达成上述口头约定（实际上浙江公司是不允许进行赊销合作的）后，辛某和李某分别代表双方公司于 2018 年 11 月 15 日签订了第一单《油品购销合同》，约定了价款和支付期限。2018 年 12 月上旬，双方又签订了内容为天津公司接收浙江公司 11000 吨柴油的第二单《油品购销合同》。此后，因为国际油价下行严重，李某在明知赔钱的情况下，以亏本价格将第一批 5000 吨柴油售出，又通过筹集借款，支付了浙江公司第一批 5000 吨柴油款。此时，国际油价连续下行严重，依然没有反弹之势。李某如果出售第二批柴油，将造成更大亏损。鉴于此，李某只出售了第二批中部分柴油，以获取资金用于公司周转，其余油品则交付保理公司，用于保值，等待国际油价上升赎回后再行销售。

在经营过程中，浙江公司因李某不能如期支付第二批油品价款，没有继续和天津公司签订新的油品交易合同。保理公司也因为李某公司拖欠费用擅自将李某交付保理的油品平仓，所得款项抵偿了天津公司的相关欠款。此后，浙江公司的辛某为能够在公司拖延交付第二批柴油的销售款项，以天津公司名义私刻公章，伪造公文，因涉嫌犯罪被判处两年有期徒刑。而浙江公司在经多方向天津公司及李某索要第二批柴油款项无果后，遂向公安机关以合同诈骗罪报案，要求追究李某合同诈骗金额达 7000 多万元的刑事责任。案件经侦查、审查起诉，进入开庭审判阶段。

作为案件中亏钱赔本经营的天津公司的李某的辩护人，我们从立案之初就坚持为其作无罪辩护。历经了两年艰难的辩护，最终法院作出了李某不构成合同诈骗罪的刑事判决。

剖析这一案件的辩护工作，我们始终围绕合同诈骗罪的犯罪构成及相关证据做好对应的辩护文章，主要体会有以下几点。

一、抓住被告人"赔钱做生意"这一重要事实依据，突出论证被告人李某不具有非法占有之故意

众所周知，非法占有他人数额较大之钱款是构成诈骗类犯罪最基本的主观要件。我们判断被告人是否具有这一主观目的，除了看被告人是否能够切实占有被害人的钱物之外，就是看其占有的途径是否合法。

本案中，一个不可否认的事实是，当时国际油价下行严重，李某意图接单，很显然是基于两个方面的因素：一是出于为朋友帮忙，为辛某背锅，助其甩掉包袱并完成年度销售任务；二是寄希望于和辛某公司的长期合作，特别是国际油价长期低迷后的大幅度反弹，放长线，钓大鱼，最终赚取利润。虽然李某没有投入一分钱，但从签下第一单 5000 吨柴油合同开始，他已经是在做着赔钱亏本的生意，李某及其公司与这起交易相关的财力本身就已经是负数。且国际石油市场云谲波诡，风险极不可测。李某冒着这样的风险，替朋友背锅，签下了第一单业务，如果没有油价的反弹回升，没有朋友公司持久的赊销和合作，其自身面临的经营压力将是何等巨大？这样的被告人其诈骗的非法占有之目的就不存在了。

二、紧紧抓住合同履行过程中的相关信息，充分论证被告人李某没有虚构事实、隐瞒真相的行为

这起案件中一个突出的特点，就是在当时国际油价下行严重的情况下，浙江公司及辛某急于将油出手，以减少自身损失。相关证据表明：第一，作为大型国有企业，浙江公司在结算中，多年来的售油工作一直采取的是"先付款，后交油"，即款到交货的交易方式，从不允许进行赊销，但在和天津公司及李某的交易中，相关证据表明，辛某擅自改变了这种交易方式。他不但答应了李某赊销及长期合作的交易条件，而且在第一批油发货后，在李某公司尚未收到货物的情况下就又急着签单，并发出了第二批货物。可以说，油进入李某公司，被李某控制，是辛某在没有收到售油款的情况下，主动为之。

第二，油品合同签署后，两批柴油的出港、入港及交付代理信息全部由辛某向李某或其公司人员提供。也就是说，在未收到油款的情况下，向李某公司交付油品，也是辛某及其公司主动为之。

第三，在李某出售第一批油因为赔钱而不能全部交付相应油款的情况下，辛某主动出面帮助李某借钱融资，使李某及其公司在赔钱的情况下，全部交付了第一批 5000 吨柴油的相关款项。

第四，在浙江公司"断供"，不再签署第三批油合同，又急于向李某及其公司催收油款的情况下，是辛某伪造了相关公文，为李某及其公司出面，拖延了付款时间。

第五，交易前，李某及其公司没有相应资金用来进行涉案油品交易，其意图通过赊销帮助浙江公司，也试图通过长期合作进行收益，对这一点，辛某作为浙江公司代表是明知的。

在法庭上，辩护人通过展示这些证据，突出证明了被告人李某在涉案交

易过程中，没有向浙江公司虚构事实、隐瞒真相，从而否定了其实施诈骗应有的客观行为，为成功进行无罪辩护打下了基础。

三、针对公诉机关指控的李某及其公司没有资金，系负债经营，及将第二批油款擅自处置等有罪指控，突出论证负债经营和擅自他用款项并不必然构成相应的诈骗犯罪

围绕这些问题，我们着重论证了以下几点。

第一，公司没有资金、负债经营，不仅为浙江公司代表的辛某所明知，且也是许多公司经营运转的一种常态。负债经营和构成合同诈骗罪之间，没有必然的因果关系。

第二，公司不能支付油品价款，不是因为公司存在什么骗取行为，而是因为浙江公司和辛某个人没有履行曾经的赊销承诺，因为长期低迷的国际石油交易市场。

第三，所谓擅自处置油品和价款，应当属于李某本身对涉案油品的保理保值行为，虽然有部分售油款项用于公司运营，但也属于经营行为本身，因为作为浙江公司的关联公司，天津公司能否正常运转，直接关乎未来其对浙江公司是否具有付款能力。李某及其公司在经营及资金处置中虽有不当行为，但并不是以非法占有为目的而骗取他人财物，甚至也不构成民事欺诈。

四、深刻阐述本案中相关法律关系的本质所在，从根本上排除涉嫌合同诈骗犯罪的可能

从本质上说，此案应当是基于李某错误决策，辛某违规售油，加之国际油价下行严重，从而造成李某违约不能支付购油款项的民事纠纷案件。从一

定意义上说，李某及其公司本身，也因此成为国际油价下行的受害者。试想，如果当初李某及其公司不接单涉案两笔交易，其公司如何会出现后来的经营困难和经营压力。如果那样，真正亏本的只能是浙江公司。这样的案件，如果对李某定罪，有违涉案法律关系的实质，有违公平的法制精神和原则，也不利于今后类似条件下相关业务的开展。因此，不应当对李某以合同诈骗罪定罪处罚。

　　总之，合同诈骗罪是当前司法实践中较为普遍和常见的一种犯罪，在全部诈骗类犯罪中也占了相当大的比重。在复杂的市场经济环境中，这些案件往往刑民法律关系交叉、刑行法律关系相互交织，涉案人员主观动机和意图格外复杂，其客观行为也真假难辨，这一切都为我们准确认定罪与非罪增加了难度。工作中，我们一定要严格坚持证据标准，全面客观审查涉案证据，准确判断案件中相关的法律法理关系，切实保证案件质量，提高司法水平。

图书在版编目 (CIP) 数据

刑辩思维与技能 / 陈文海著 . —— 北京：中国法制
出版社，2023.3

ISBN 978-7-5216-3241-5

Ⅰ. ①刑⋯　Ⅱ. ①陈⋯　Ⅲ. ①刑事诉讼—辩护—研究
—中国　Ⅳ. ① D925.215.04

中国国家版本馆 CIP 数据核字（2023）第 019399 号

策划编辑：陈晓冉　　　　　　　责任编辑：陈晓冉　　　　　　　封面设计：李　宁

刑辩思维与技能
XINGBIAN SIWEI YU JINENG

著者 / 陈文海

经销 / 新华书店

印刷 / 三河市国英印务有限公司

开本 / 710 毫米 × 1000 毫米　16 开　　　　　　　印张 / 14.5　字数 / 192 千

版次 / 2023 年 3 月第 1 版　　　　　　　　　　　2023 年 3 月第 1 次印刷

中国法制出版社出版

书号 ISBN 978-7-5216-3241-5　　　　　　　　　　　　　　　定价：59.80 元

北京市西城区西便门西里甲 16 号西便门办公区

邮政编码：100053　　　　　　　　　　　　　　　传真：010-63141600

网址：**http://www.zgfzs.com**　　　　　　　　　编辑部电话：**010-63141835**

市场营销部电话：010-63141612　　　　　　　印务部电话：**010-63141606**

（如有印装质量问题，请与本社印务部联系。）